LA CRISE FISCALE QUI V
de Brigitte Alepin
est le neuf cent trente-neuvième ouvrage
publié chez VLB ÉDITEUR
et le cinquantième
de la collection « Partis pris actuels »

Même si j'assume la responsabilité complète de sa teneur, ce livre est le résultat d'un travail d'équipe que je n'aurais pu mener à bien toute seule. Je tiens donc à remercier chaleureusement : ◂

Me Julie Larocque, mon adjointe, avocate, fiscaliste et analyste douée ;
Chanel et Maxime Alepin, étudiants en droit à l'Université d'Ottawa,
    qui me rassurent sur la valeur de la relève ;
Robert Laliberté, directeur littéraire au groupe Ville-Marie Littéra-
    ture, qui m'a accompagnée dans la mise au point du texte.

B. A.

VLB éditeur bénéficie du soutien de la Société de développement des entreprises culturelles du Québec (SODEC) pour son programme d'édition.

Gouvernement du Québec – Programme de crédit d'impôt pour l'édition de livres – Gestion SODEC.

Nous reconnaissons l'aide financière du gouvernement du Canada par l'entremise du Programme d'aide au développement de l'industrie de l'édition (PADIÉ) pour nos activités d'édition.

Nous remercions le Conseil des Arts du Canada de l'aide accordée à notre programme de publication.

LA CRISE FISCALE QUI VIENT

De la même auteure

Ces riches qui ne paient pas d'impôts, Montréal, Éditions du Méridien, 2004.

Brigitte Alepin

La crise fiscale qui vient

vlb éditeur
Une compagnie de Quebecor Media

VLB ÉDITEUR
Groupe Ville-Marie Littérature inc.
Une compagnie de Quebecor Media
1010, rue de La Gauchetière Est
Montréal (Québec) H2L 2N5
Tél.: 514 523-1182
Téléc.: 514 282-7530
Courriel: vml@sogides.com

Maquette de la couverture: Martin Roux
Photos de la couverture: istockphoto.com

Catalogage avant publication de Bibliothèque et Archives
nationales du Québec et Bibliothèque et Archives Canada
Alepin, Brigitte
     La crise fiscale qui vient
     (Collection Partis pris actuels)
     Comprend des réf. bibliogr.
     ISBN: 978-2-89649-290-9
     1. Recettes fiscales. 2. Politique fiscale. 3. Planification fiscale. 4. Impôt –
Administration et procédure. I. Titre. II. Collection: Collection Partis pris actuels.
HJ2318.3.A43 2011   336.2   C2010-942486-7

DISTRIBUTEURS EXCLUSIFS:
• Pour le Québec, le Canada
  et les États-Unis:
  LES MESSAGERIES ADP*
  2315, rue de la Province
  Longueuil (Québec) J4G 1G4
  Tél.: 450 640-1237
  Téléc.: 450 674-6237
  *filiale du Groupe Sogides inc.,
   filiale du Groupe Livre Quebecor Media inc.

• Pour l'Europe:
  Librairie du Québec / DNM
  30, rue Gay-Lussac
  75005 Paris
  Tél.: 01 43 54 49 02
  Téléc.: 01 43 54 39 15
  Courriel: direction@librairieduquebec.fr
  Site Internet: www.librairieduquebec.fr

Pour en savoir davantage sur nos publications,
visitez notre site: www.edvlb.com
Autres sites à visiter: www.edhexagone.com • www.edtypo.com
www.edjour.com • www.edhomme.com • www.edutilis.com

Dépôt légal: 1er trimestre 2011
Bibliothèque et Archives nationales du Québec, 2011
Bibliothèque et Archives Canada

À mon père Édouard Alepin,
fils d'immigrant et fier Québécois.
Ton optimisme et ta persévérance m'inspirent.

Liste des sigles

AEI	American Enterprise Institute for Public Policy Research
ALENA	Accord de libre-échange nord-américain
ARC	Agence du revenu du Canada
CCOO	Confederación Sindical de Comisiones Obreras
CERI	Canadian Energy Research Institute
CIA	Central Intelligence Agency
CPO	Center for Promise and Opportunity
CTF	Canadian Taxpayers Federation
DTC	Direction des terres de la Couronne
FBI	Federal Bureau of Investigation
FMI	Fonds monétaire international
GAFI	Groupe d'action financière
GATT	Accord général sur les tarifs douaniers et le commerce (General Agreement on Tariffs and Trade)
GES	Gaz à effet de serre
IBC	International Business Corporation
IED	Investissement direct étranger
LIR	Loi de l'impôt sur le revenu
MRN	Ministère des Ressources naturelles
NINDS	National Institute of Neurological Disorders and Strokes
OCDE	Organisation européenne de coopération économique
OMC	Organisation mondiale du commerce
ONE	Office national de l'énergie
ONU	Organisation des Nations unies
PIB	Produit intérieur brut
R&D	Recherche et développement
RFE	Réforme fiscale écologique
TEEC	Taxe d'encouragement à l'économie de carburant (Ontario)

TPS	Taxe fédérale sur les produits et services
TRNEE	Table ronde nationale sur l'environnement et l'économie
TVQ	Taxe de vente du Québec
UE	Union européenne

CHAPITRE PREMIER

Crise fiscale :
Attention ! Danger !

Lorsque les guerres ne sont pas religieuses, elles ont souvent pour origine une crise fiscale. L'histoire montre que de telles crises ont contribué à l'éclatement de plusieurs révolutions, dont la Révolution américaine et la Révolution française. Les guerres d'impôts ont aussi leurs héros dont Robin des Bois et, dans une certaine mesure, Thomas Jefferson, le rédacteur de la Déclaration d'indépendance des États-Unis.

L'histoire se poursuit au XXIe siècle. Depuis l'an 2000, les manifestations des contribuables sont plus fréquentes que durant le XXe siècle. En dix ans, il y a déjà eu plus de manifestations antifiscales que durant le XXe siècle dans son ensemble. Et depuis le début de 2010, les contribuables ont déjà marché dans les rues du Canada, des États-Unis, de la Grèce, du Portugal et de l'Espagne. Chez nos voisins du Sud, les partisans du Tea Party deviennent de plus en plus nombreux, ils manifestent chaque jour devant la Maison-Blanche et leur point de vue est désormais officiellement représenté au Congrès américain.

Au Canada, plusieurs signes suggèrent que le système d'imposition a perdu de son efficience et demande à être revu. Le fardeau des finances publiques repose sur un groupe de plus en plus restreint de contribuables qui sont imposés de manière excessive ; leur colère monte ; l'évasion fiscale est un fléau et, pour y faire face, les gouvernements doivent former des brigades spéciales ; et les revenus fiscaux ne suffisent plus à boucler les budgets des États – fédéral et provinciaux.

Dans de nombreux autres pays, le système fiscal ne remplit désormais plus son rôle de façon satisfaisante, si bien que c'est finalement à l'échelle mondiale que se pose la question de l'adéquation des systèmes fiscaux traditionnels à une nouvelle réalité. Des acteurs clés s'alarment d'une situation fiscale qu'ils ne jugent pas tolérable. Le pape Benoît XVI évoque l'idée de créer une entité qui réglementerait la situation économique globale. Le président des États-Unis déplore la dette léguée par l'administration Bush et promet aux Américains : « Votre compte de taxes n'augmentera pas d'un cent. »

Lorsque la « machine à revenus » de l'État ne fonctionne plus comme il se doit, le pire devient possible parce que celui-ci ne peut plus assumer les fonctions auxquelles il est destiné. Une telle situation ne peut durer très longtemps sans que cela entraîne de sérieux problèmes économiques, politiques et sociaux.

Ainsi, au Canada, la situation deviendrait rapidement très grave parce qu'en plus d'être le plus gros employeur du pays (250 000 fonctionnaires dans l'administration fédérale et 120 000 membres des Forces armées et de la Gendarmerie royale), l'État est l'unique ou le principal fournisseur d'une multitude de biens et services essentiels tels que la sécurité policière, les soins de santé et l'entretien des routes. Une baisse des revenus de l'État pourrait donc rapidement pousser le pays dans une situation anarchique.

Très grave peut être également la perte de légitimité : lorsqu'un régime d'imposition est perçu comme inefficace ou injuste, on ne peut plus tenir pour acquise l'acceptation volontaire des contribuables de payer leurs impôts. Bien que paradoxale, cette acceptation d'« autocotiser » est la pierre angulaire de la liberté proposée dans les sociétés modernes.

L'impôt n'est pas qu'un outil de financement ; il peut aussi, par le biais des taxes à la consommation par exemple, inciter les citoyens à adopter certains comportements et à en abandonner d'autres. Ainsi, les taxes sur le tabac, qui représentent plus de 80 % du coût des cigarettes, servent à la fois à financer le gouvernement et à diminuer l'attrait du produit.

L'impôt sert aussi à compenser ou à corriger les manques ou défauts qui existent dans les systèmes. Par exemple, les régimes d'imposition permettent d'assurer un bien-être minimum commun à tous les citoyens. Le gouvernement, en fournissant des services égaux à une population qui ne les finance pas de manière égale, peut ainsi redistribuer la richesse, ce qui atténue quelque peu l'iniquité du système économique et contribue à maintenir la paix sociale.

Les régimes d'imposition doivent donc rester solides. Quand ils sont en péril, ils placent le gouvernement en situation de précarité financière, où lui échappent les moyens de remplir ses fonctions.

Les crises fiscales dans l'histoire

L'histoire du monde est émaillée de conflits de nature fiscale. Périodiquement, les régimes fiscaux entrent en crise, ils s'ajustent ou ils éclatent. Indépendamment de l'époque et du type de régime fiscal, l'histoire démontre que les contribuables tolèrent mal l'injustice fiscale et qu'un fardeau fiscal trop lourd a été un élément déclencheur important de guerres civiles, voire de guerres entre États.

Des conflits fiscaux sont répertoriés dès le début de notre ère. Par exemple, la grande révolte illyrienne de l'an 6 où le peuple de cette province aurait pris les armes pour ne plus payer les taxes imposées par l'Empire romain. Après trois ans de conflit sanglant, Rome rétablit l'ordre et maintint les taxes.

Parmi les disciples du Christ, qu'il avait recrutés parmi les marginaux et les exclus, il y avait Matthieu, un publicain, c'est-à-dire un percepteur d'impôt, qui exerçait ainsi une profession détestée de tout le monde. Et c'est dans l'Évangile de Matthieu qu'on trouve le célèbre passage où les pharisiens voulant piéger le Christ l'interrogent sur l'obligation de payer des taxes à l'Empire. Jésus demande à voir une pièce de monnaie, puis demande à l'effigie de qui elle a été frappée: « À l'effigie de César. » Et Jésus répond: « Rendez à César ce qui est à César, et à Dieu ce qui est à Dieu. » Depuis, l'Église a interprété ce passage comme justifiant la distinction entre pouvoir temporel et pouvoir spirituel, et le droit de prélever des impôts pour le pouvoir temporel comme pour le pouvoir spirituel.

En 1382 éclate à Rouen en Haute-Normandie la révolte de la Harelle. Cette année-là avait déjà été marquée par plusieurs manifestations contre le système d'imposition. Cette fois, les sujets du roi s'opposent au rétablissement d'une taxe indirecte sur des produits tels que le vin et le sel. Des centaines de contribuables se rassemblent autour de l'hôtel de ville pour manifester leur désaccord face à cette décision qu'ils trouvent injuste et inutile. Ils marchent dans la ville de Rouen et s'en prennent aux responsables de la collecte des taxes plutôt que de s'adresser à celui qui a pris la décision, c'est-à-dire au roi. Les marches contre le rétablissement des taxes se transforment en pillages de riches et en contestation globale. Les émeutes se termineront d'elles-mêmes par la demande de pardon des sujets rouennais. Le roi punira la population par quelques décapitations et une hausse des taxes. Ici, l'impôt a joué le rôle d'élément déclencheur dans une révolte contre l'injustice sociale, les disparités entre les riches et les pauvres.

Afin de financer ses multiples guerres, la France du XVIIᵉ siècle alourdit le fardeau fiscal de ses sujets et amplifie le mécontentement des contribuables. Durant la guerre de Trente Ans (1618-1648), la gabelle, un impôt sur le sel qui est une denrée essentielle à l'époque pour la conservation des aliments, est instaurée dans les régions qui n'y étaient pas encore assujetties. Le peuple souffre en même temps de mauvaises récoltes et de la hausse des prix qui s'ensuit. Ce contexte mène des milliers de paysans à se soulever alors que d'autres préfèrent s'exiler. Le tout aboutit en pillages, incendies et émeutes, en particulier en Normandie et en Provence.

En 1670, dans un contexte terrible de famine et de guerre, des rumeurs concernant l'instauration de nouvelles taxes viennent aux oreilles des habitants de Montpellier. On parle de taxes sur les chapeaux, les souliers, le travail de la terre, les nouveau-nés, etc. Les paysans se rallient, se nomment un chef, Anthoine du Roure, et s'en prennent aux agents du fisc et aux privilégiés. Après quelques mois, leur révolte est écrasée par l'armée du roi.

La révolte du papier timbré, en 1675, tire son nom d'une des nouvelles taxes imposées par le roi de France sur le papier timbré qui doit être utilisé pour authentifier les documents juridiques, tels les testaments et les contrats. On instaure en même temps des taxes sur le tabac et les objets en étain. Le soulèvement a principalement lieu en Basse-Bretagne. Les revendications sont consignées dans des Codes paysans. Les auteurs y réclament un accès gratuit à la justice, l'abolition des taxes seigneuriales et de la dîme du clergé, etc. La révolte cesse avec l'arrivée des troupes royales.

Le Boston Tea Party, en 1773, marque le début des affrontements entre Britanniques et Américains qui mèneront à l'indépendance des États-Unis. *No taxation without representation!* Voilà le principe que font valoir les colonies anglaises d'Amérique du Nord qui désirent être représentées au parlement de Westminster et ainsi pouvoir voter sur les questions les concernant. Indignés par la taxe britannique sur l'importation de thé dans les colonies américaines, des habitants de Boston se déguisent en Amérindiens et jettent à l'eau la cargaison de thé de trois navires. Le roi George III ordonne la fermeture du port de Boston jusqu'à ce que tous les coûts soient remboursés. Cette décision de Londres est perçue par les colonies comme une déclaration de guerre, avec les conséquences que l'on sait.

Plusieurs facteurs ont déclenché la Révolution française, dont l'iniquité de traitement des citoyens français dans le cadre de leur obligation fiscale envers le roi. Le tiers état devait supporter tous les impôts payables au roi, tandis que le clergé et la noblesse en étaient exemptés. L'un priait pour le roi, alors que l'autre payait ses impôts par un appui militaire, communément appelé « l'impôt du sang ». Pour le tiers état, cette situation était inéquitable et justifiait l'usage de la force pour tenter d'en changer les modalités.

En matière de fiscalité, la Révolution française porte bien son nom. Elle a tout changé sur son passage, y compris les fondements du régime d'imposition et l'assiette fiscale. La ferme générale, l'organisation de l'époque chargée de collecter les taxes au nom du roi, a été abolie et les fermiers généraux guillotinés. En remplacement, le Parlement a pris le contrôle des impôts, il a mis fin à tous les privilèges fiscaux et une véritable administration a été mise en place. Le peuple avait pour objectif l'égalité contributive *proportionnelle* et formalisa sa vision à l'article 13 de la Déclaration des droits de l'homme et du citoyen de 1789 : « Pour l'entretien de la force publique et pour les dépenses d'administration, une contribution commune est indispensable. Elle doit être également répartie entre tous les citoyens, en raison de leurs facultés. »

Le peuple sortit relativement gagnant de ce conflit et la Révolution marqua la fin de la monarchie absolue en France. Les charges fiscales étaient si élevées sous l'Ancien Régime que, lorsque Tocqueville visita le Bas-Canada en 1831, il constata avec étonnement que la taille, un impôt qui n'avait jamais été appliqué en Nouvelle-France, y avait encore mauvaise réputation : « Les paysans se souviennent de l'état de sujétion dans lequel on les tenait sous le gouvernement français. Il y a surtout un mot qui est resté dans leur mémoire comme un épouvantail politique, c'est la *taille*. Ils ne savent plus précisément quel est le sens du mot, mais il représente toujours pour eux une chose insupportable. Je suis convaincu qu'ils prendraient les armes si on voulait établir une taxe quelconque à laquelle on donnât ce nom[1]. »

Avec la chute des marchés boursiers en 1929, les États-Unis entrent dans la Grande Dépression, une situation économique très délicate qui durera plusieurs années. Au début de la Crise, les taxes et les impôts demeurent les mêmes, alors que les revenus des citoyens connaissent une baisse considérable. Les contribuables ont très rapidement réalisé l'injustice de cette situation et ont commencé à se regrouper dans des Taxpayers Leagues. Ces organisations faisaient pression sur le gouvernement pour baisser les taxes et les impôts. Quelques années plus tard, la situation s'améliorant graduellement, ces ligues ont cessé de se manifester.

Leurs revendications ont réapparu durant les années 1970 dans l'ouest des États-Unis. Les contribuables californiens ont réussi en 1978 à faire baisser les taxes foncières par le biais de la Proposition 13, par laquelle ils obtinrent un amendement à la Constitution de la Californie. Dans un article du *New York Times* intitulé « *Tax Revolts : Some Succeed, Most Don't*[2] », cet événement est qualifié de mouvement de protestation contre les taxes le plus réussi de l'histoire américaine. Toutefois, alors que l'objectif de réduire le fardeau fiscal a été atteint, cette baisse des revenus gouvernementaux a inévitablement entraîné une baisse des services publics. Le succès de la Proposition 13 n'a donc été une réussite que pour la classe la plus fortunée des contribuables, car il a eu de lourdes conséquences pour la société californienne dans son ensemble. À titre d'exemple, le système d'éducation, qui a souffert de sous-financement du fait de la Proposition 13 a été déclassé : de l'un des meilleurs systèmes aux États-Unis, il s'est retrouvé l'un des pires en moins de vingt ans[3].

L'histoire montre donc que, peu importe l'époque et le type de société, un régime d'imposition, perçu comme injuste, peut entraîner la révolte des contribuables.

Pour assurer leur pérennité, les systèmes d'imposition doivent généralement respecter trois grands principes : être simples, efficaces et équitables.

Le principe le plus important est l'équité, c'est-à-dire que la répartition de la charge fiscale doit s'accorder avec la capacité de payer de chaque contribuable. Sans équité, un régime d'imposition est voué à l'effondrement à plus ou moins long terme. C'est ce que l'histoire nous apprend. Et il faut pouvoir démontrer aux citoyens qu'ils ne paient au fisc que leur juste part.

L'efficacité est aussi cruciale. De manière générale, l'efficacité fait référence à la capacité d'optimiser un résultat ou d'atteindre un rendement élevé. En politique fiscale, l'efficacité est évaluée comme la capacité des régimes d'imposition de s'assurer du recouvrement des recettes fiscales à un moindre coût et d'optimiser les retombées économiques pour le pays. Au Canada, l'étude *Compliance and Administrative Costs of Taxation in Canada* réalisée par l'Institut Fraser en avril 2007 démontre que le régime d'imposition canadien coûterait entre 19 et 31 milliards de dollars, représentant un coût pouvant atteindre 955 $ pour chaque Canadien au pays[4]. Quant à l'optimalité de la fiscalité canadienne, elle fait l'objet de critiques divergentes. Par exemple, certains estiment que la fiscalité des entreprises est trop gourmande, qu'elle freine la création de richesses et qu'elle nuit à la concurrence des entreprises sur le plan international; d'autres considèrent que le fardeau fiscal des PME les défavorise par rapport aux grandes sociétés et porte atteinte à leur capacité de croissance. Ainsi, selon l'acteur économique qui parle, le régime d'imposition canadien peut sembler efficace ou inefficace.

Et la simplicité est nécessaire pour permettre aux citoyens de comprendre leur régime fiscal et la marge de manœuvre qu'il autorise. Einstein, qui n'était pourtant pas un esprit dénué de ressources, disait que « l'impôt sur le revenu est la chose la plus difficile à comprendre au monde ».

En 2004, il s'est produit au Québec un incident très amusant et révélateur de la difficulté de rester simple en matière d'impôt. Tout a débuté en 1998 quand le gouvernement du Québec a introduit le *régime d'imposition simplifié* à l'intention des citoyens dont la situation fiscale est simple (un *fast track* fiscal). La déclaration de revenus correspondante ne comportait que deux pages, plutôt que quatre dans le régime d'imposition traditionnel. En 2004, dans le discours du budget du gouvernement du Québec, Yves Séguin, ministre des Finances (2003-2005), expliquait que, pour simplifier le régime d'imposition du Québec, il était nécessaire d'abolir le régime simplifié (!): « [...] nous simplifions de façon substantielle le régime d'imposition. Les Québécoises et les Québécois n'auront plus à choisir entre le régime général d'imposition et le régime simplifié » et « Cette réforme facilitera la vie des contribuables en mettant fin à un régime inutilement complexe. »

Les révoltes fiscales ont été peu fréquentes durant le xxᵉ siècle alors que l'impôt sur le revenu s'implantait de manière systématique dans les sociétés avancées. Les régimes démocratiques du siècle dernier semblaient adopter le principe de *taxation with representation* pour assurer la paix sociale. Comme on le verra plus loin, la situation a changé durant la dernière décennie et plusieurs signes économiques, politiques et sociaux actuels laissent présager plus de contestation.

Les dysfonctionnements du système d'imposition canadien

Le régime fiscal canadien en 2010 est le résultat de presque un siècle d'évolution. Il a débuté avec l'implantation de l'impôt sur le revenu en 1917 afin de faire face aux dépenses reliées à la Première Guerre mondiale. Il a subi plusieurs transformations majeures, dont l'introduction, en 1972, de l'imposition des gains en capital et, en 1988, de la « règle générale anti-évitement » dont l'objectif était d'empêcher des opérations fiscales en apparence conformes à la loi, mais qui allaient à l'encontre de l'esprit de la loi. Ce régime subira probablement bientôt une réforme pour favoriser des pratiques plus écologiques. Mais ce n'est pas la seule raison qui rende nécessaire une telle réforme.

Au moment de son implantation en 1917, le taux moyen d'imposition des contribuables était de 4 %[5]. Aujourd'hui, pour la famille canadienne moyenne, le paiement des impôts et des taxes représente une dépense plus importante que celles encourues pour se nourrir, se vêtir et se loger, et ce, même en temps de récession quand la charge fiscale des contribuables diminue[6].

En 2010, des signes indiquent que le régime d'imposition au Canada s'éloigne des qualités d'équité, de simplicité et d'efficacité, gages de pérennité du système :

1. L'État ne peut pas boucler son budget avec l'impôt actuel.
2. Un groupe de plus en plus restreint de contribuables supporte le fardeau fiscal.
3. La colère des contribuables monte.
4. L'évasion fiscale est un fléau.

Voyons ce qu'il en est de ces quatre symptômes.

L'État ne peut pas boucler son budget avec l'impôt actuel

Le niveau d'endettement du Canada et des autres pays industrialisés, et leur incapacité à boucler leur budget constituent une preuve certaine que le régime d'imposition est devenu incapable de faire son boulot.

Le ratio dette publique/PIB des pays membres de l'Organisation de coopération et de développement économique (OCDE) a augmenté de manière importante depuis 1989, passant de 59 % à 79 % en 2008 (incluant les dettes des administrations nationales et locales). Ces taux ont augmenté davantage en 2009 puisqu'en moyenne, les pays de l'OCDE ont réalisé un déficit budgétaire égal à 7,7 % du PIB nominal. La Norvège est le seul pays à ne pas afficher de déficit, grâce à sa rente pétrolière. Il est à prévoir que ces taux augmenteront encore en 2010 et au cours des prochaines années, compte tenu du coût élevé des plans de relance mis en place pour soutenir les économies touchées par la récession et pour remédier aux conséquences sociales du ralentissement.

Au Canada, la dette fédérale a atteint un niveau record de 563 milliards de dollars en 1997, représentant 68 % du PIB. Entre les années 1998 et 2008, à la suite des efforts de compression du gouvernement fédéral, la dette a été réduite à 458 milliards de dollars. Depuis la crise de 2008, la tendance au déficit a repris. La dette a augmenté de 5,8 milliards de dollars en 2008-2009, de 53,8 milliards en 2009-2010, et on prévoit un déficit de 49 milliards de dollars pour l'exercice 2010-2011 et des déficits budgétaires au moins jusqu'en 2014-2015. Le Québec est la province canadienne la plus endettée. En 2010, sa dette brute atteint 160,1 milliards de dollars ou 53,2 % du PIB. D'ici à 2026, le gouvernement veut réduire cette dette à 45 %. Les provinces du Canada anglophone s'en tirent mieux avec un endettement brut qui, en 2009, variait entre 4 % du PIB (en Alberta) et 36 % (en Nouvelle-Écosse)[7]. Les spécialistes s'inquiètent de cette situation. Pierre Fortin, professeur d'économie associé à l'Université du Québec à Montréal, allègue même que si le Québec était un pays, il occuperait la place du cinquième pays le plus fragile financièrement en 2010.

On doit toutefois considérer que l'endettement du Québec s'inscrit dans un contexte particulier. Le Québec a un avantage économique très intéressant par rapport à plusieurs autres instances canadiennes et internationales. Il peut produire de l'énergie *verte* et cette richesse représentera un avantage substantiel à partir du moment où une valeur sera officiellement attribuée au critère écologique sur les marchés mondiaux.

Un groupe de plus en plus restreint de contribuables
supporte le fardeau fiscal

Pour qu'un régime fiscal atteigne le niveau optimal d'équité, d'efficacité et de simplicité, il doit généralement favoriser un modèle conjuguant un faible taux d'imposition et une quantité maximale de transactions imposables. Dans un tel contexte, l'évasion fiscale devient moins intéressante et plus complexe à organiser pour les contribuables. Ces gains en efficacité et en simplicité peuvent toutefois se traduire par une perte en termes d'équité et il faut faire preuve de vigilance à cet égard.

Au Canada, le régime fiscal s'éloigne sensiblement de ce modèle d'une charge fiscale moins élevée répartie sur un plus grand nombre de contribuables. Une étude récente de l'Institut Fraser, *The Canadian Consumer Tax Index, 2010*, indique que la charge fiscale moyenne des ménages canadiens est passée de 33,5 % en 1961 à 41,7 % en 2009[8]. De plus, la majeure partie du fardeau des finances publiques est supportée par un groupe de contribuables de plus en plus restreint. Au Québec, les plus récentes statistiques fiscales des particuliers, rendues publiques en juin 2010, indiquent qu'en 2007, sur 6 millions de contribuables, 2,33 millions n'étaient pas imposables (39 %)[9]. Dans les autres provinces, la situation est similaire et, aux États-Unis, une étude publiée en avril 2010 par le Tax Policy Center expliquait que ce ratio pourrait atteindre 45 %[10].

Les personnes qui ne paient pas d'impôts sont en majorité des retraités et des familles à très faible revenu ou bénéficiant de différents crédits d'impôt. Il est toutefois faux d'avancer que ces citoyens ne contribuent d'aucune façon au trésor de l'État parce qu'ils paient tout de même des taxes de vente, des tarifs et des impôts fonciers.

Il existe une autre catégorie de contribuables qui ne paient pas d'impôts. Il s'agit des particuliers et sociétés qui réussissent à surfer sur les régimes d'imposition à l'échelle mondiale, c'est-à-dire à se promener d'une juridiction à l'autre sans devenir contribuables. Il s'agit d'un phénomène récent facilité par la mondialisation. Les méthodes les plus populaires de surf fiscal sont le shopping de juridictions ayant de faibles taux d'imposition, l'utilisation des paradis fiscaux et la manipulation à outrance des lois fiscales. Ces méthodes seront exposées dans les prochains chapitres.

La colère des contribuables monte

Fondamentalement, il est difficile de présenter les régimes d'imposition sous un jour favorable. D'un côté, il y a les contribuables qui ont constamment l'impression de payer trop d'impôts et, de l'autre côté, il y a le fisc qui doit s'assurer que tous les contribuables payent leur juste part. Il semble toutefois que, depuis un certain temps, la situation soit devenue particulièrement tendue entre les deux parties.

L'aversion au mot « taxe » est généralisée. L'introduction de la taxe sur les produits et services par les progressistes-conservateurs du Canada en 1990 a contribué à la division de la droite au cours des années 1990. Aux élections fédérales de 2008, le Parti libéral du Canada, sous la présidence de Stéphane Dion, a subi sa pire défaite électorale, probablement en partie parce que la taxe sur le carbone était au centre de son programme électoral.

Traditionnellement, les contribuables canadiens sont relativement « passifs » face aux politiques fiscales. Plus passifs en tout cas que les contribuables américains qui apprennent dès l'enfance qu'une révolte fiscale a été à l'origine de l'indépendance de leur pays. De fait, le lobbying fiscal est très actif à Washington. Au Canada, un tel lobby n'existe pratiquement pas. Les temps semblent toutefois changer puisqu'on voit de plus en plus les Canadiens se regrouper et s'organiser pour se faire entendre sur les questions fiscales.

En 2010, la Canadian Taxpayers Federation (CTF) fête ses 20 ans. Cet organisme à but non lucratif dit compter plus de 60 000 supporteurs. La CTF appelle le gouvernement à agir de manière responsable, à réduire les impôts et les dépenses inutiles. L'organisme représente les contribuables de la Colombie-Britannique, de l'Alberta, de la Saskatchewan, du Manitoba ainsi que de l'Ontario. Éventuellement, la CTF espère représenter les contribuables de toutes les provinces et territoires. Entre-temps, au Québec, elle renvoie les contribuables à la Ligue des contribuables du Québec qui véhicule sensiblement les mêmes valeurs.

Au dépôt du budget provincial 2010-2011 du gouvernement libéral de Jean Charest, pour la première fois en sol canadien, les contribuables ont manifesté des signes de révolte. Le 1er avril 2010, 12 000 citoyens ont manifesté à Montréal sur le thème « La richesse existe ! Prenons-la où elle est ! », en réaction aux augmentations d'impôts, de taxes et de tarifs que doit supporter essentiellement la classe moyenne. D'autres manifestations ont eu lieu à Québec et à Saguenay. Ces protestations contre le budget ont même été l'occasion chez certains d'une dénonciation du système capitaliste.

Plus à l'ouest, certains contribuables ont été jusqu'à poursuivre l'Agence du revenu du Canada (ARC). Ainsi, M. George Harris, de Winnipeg, avec l'appui du groupe de pression CHOICES, a tenté de faire revenir l'ARC sur ses décisions en faveur de la famille Bronfman.

En 2008, afin de régler les différends non résolus entre les contribuables canadiens et l'ARC, le gouvernement du Canada a créé un poste d'ombudsman pour les contribuables. De plus, face à un mouvement clamant que l'impôt fédéral sur le revenu est inconstitutionnel, l'ARC s'est sentie l'obligation de réfuter ces arguments. Ainsi, sur le site internet de l'ARC, sous le titre « Démystifions l'impôt et les taxes », l'agence indique que, contrairement à ces allégations, la Constitution canadienne, à son article 91, permet au fédéral de percevoir des impôts directs et indirects, y compris l'impôt sur le revenu des contribuables. L'ARC ajoute qu'aucun tribunal canadien n'a déclaré l'impôt fédéral sur le revenu inconstitutionnel.

L'évasion fiscale est un fléau

La fraude fiscale est probablement aussi ancienne que l'impôt lui-même, qui remonte à l'époque d'Alexandre le Grand. Du temps des Romains, on sait qu'un système de fausses déclarations foncières avait été mis en place par de riches propriétaires.

Mais pour s'en tenir à notre époque, selon le rapport de l'OCDE, *Promouvoir la transparence et l'échange de renseignements à des fins fiscales*, publié le 10 août 2010, « [l']évasion et la fraude fiscales mettent en péril les recettes des États du monde entier. Aux États-Unis, le Sénat estime à 100 milliards de dollars US par an le manque à gagner imputable à l'évasion et à la fraude fiscales et dans un grand nombre de pays d'Europe, les recettes perdues se chiffrent en milliards d'euros[11] ». Au Canada, la fraude fiscale est généralement estimée à la hauteur de 10 % de l'impôt sur le revenu, un chiffre similaire à l'évaluation qu'on en fait aux États-Unis.

Du côté du fisc, les mesures répressives pour s'assurer du respect des lois fiscales deviennent de plus en plus corsées. En Chine, un fraudeur d'impôt est passible de la peine capitale. Le nombre de personnes s'étant vu imposer cette peine n'est pas divulgué par les autorités mais, au fil des années, plusieurs dizaines de contribuables auraient été mis à mort.

Ailleurs, la fraude fiscale entraîne une répression moins violente, heureusement. La Suisse semble le pays où la fraude fiscale est traitée le moins sévèrement, l'État la considérant comme relevant des affaires civiles. Aux États-Unis, une peine d'emprisonnement d'au plus cinq ans peut être jumelée à une amende.

Au Canada, le coupable de fraude fiscale doit rembourser la totalité des montants qui ont échappé au fisc. Il doit aussi payer des intérêts, des pénalités et des amendes, dont les plus élevées sont de 200 % de l'impôt éludé. Il pourrait aussi avoir à purger une peine d'emprisonnement pouvant aller jusqu'à cinq ans. Aussi, il est à noter que la quantité de percepteurs, de vérificateurs, d'enquêteurs a triplé depuis dix ans et que les lois anti-évitement deviennent de plus en plus sophistiquées.

Le fisc est devenu un organe puissant et coûteux. Il est puissant parce qu'il peut même aller jusqu'à faire adopter des lois de manière rétroactive[12].

Le gouvernement tente aussi l'approche de l'éducation. Sur son site internet, Revenu Québec expose les conséquences de l'évasion fiscale : « Le gouvernement subit des pertes de revenus énormes, des citoyens paient pour d'autres, des travailleurs sont sans protections sociales, des entreprises subissent une concurrence déloyale. » Et avec son concours « L'économie clandestine : pas ton problème ? », l'ARC invite des contribuables à créer une vidéo expliquant pourquoi l'économie clandestine constitue un problème pour tous les contribuables canadiens, particuliers et entreprises !

Les tensions autour du système fiscal ailleurs dans le monde

De 1999 à 2002, l'Argentine a vécu une grave crise économique dont les principales causes étaient la surévaluation du peso, arrimé artificiellement au dollar américain, le démantèlement de toutes les protections douanières et du droit du travail, et la corruption d'un régime qui bénéficiait des privatisations et de la fuite des capitaux[13]. À son apogée à la fin de 2001, l'état d'urgence est déclaré, les manifestations font des morts et la dette publique dépasse les 140 milliards de dollars.

En 2008, malgré la rapidité d'une certaine reprise économique et les changements de gouvernement, une classe importante de contribuables reste frustrée par les choix fiscaux de l'État : les agriculteurs. Pour protester contre l'augmentation des taxes sur les exploitations agricoles, ces derniers ont barré les routes pendant trois semaines, entravant ainsi l'économie du pays. Ces pressions n'ont pas fait fléchir le gouvernement, mais elles l'ont tout de même amené à accorder certains avantages aux petits producteurs agricoles.

Toujours en Amérique du Sud, la révolte fiscale en Bolivie a été plus violente. C'est en 2003 que le gouvernement explique son intention d'instaurer un *impuestazo* (impôt massif) de 12,5 % sur le salaire des travailleurs du secteur public. Ce projet visant la réduction de la dette du pays est d'ailleurs appuyé par le Fonds monétaire international (FMI). Toutefois, l'intolérance des contribuables aux augmentations d'impôt a été sous-estimée. Suite à un soulèvement populaire, le gouvernement bolivien et le FMI annoncent le réexamen de leur décision d'implanter l'*impuestazo*, mais il est déjà bien tard : les affrontements entre citoyens et militaires ont causé 13 morts et 89 blessés.

Aux États-Unis, à la dernière élection présidentielle de 2008, le mouvement Tea Party n'existait pas. Il s'est formé en février 2009 et, déjà au printemps 2010, un sondage accordait 23 % des intentions de vote aux candidats affiliés au Tea Party, contre 36 % aux démocrates et 18 % aux républicains. Ce mouvement a surgi très rapidement. En janvier 2009, le président Barack Obama annonce son plan de relance (*Stimulus Plan*). Rush Limbaugh, le célèbre animateur de talk radio conservateur, s'y attaque de manière virulente. Le 19 février 2009, Rick Santelli, présentateur sur CNBC, tire une salve de critiques féroces contre l'administration et son plan de relance. Il lance alors l'idée d'un Tea Party à Chicago, en référence au Boston Tea Party organisé en 1773. Le 27 février 2009, un premier Tea Party s'organise réunissant 30 000 personnes venues de tout le pays. Le 15 avril 2009, date limite avant laquelle les Américains doivent payer leurs impôts, quelque 750 réunions ont lieu un peu partout dans le pays et la chaîne de télévision conservatrice Fox leur consacre une journée entière de reportages. Depuis, le mouvement n'a cessé de prendre de l'ampleur.

La rapidité avec laquelle le mouvement s'est développé s'explique par le fait qu'il jouit d'importants soutiens financiers. Ses principaux supporteurs sont trois milliardaires : Rupert Murdoch et les frères David et Charles Koch. Rupert Murdoch est le fondateur de Fox News, un réseau connu pour ses prises de position contre le Parti démocrate. Les frères Koch, quant à eux, occupent les neuvième et dixième rangs dans l'échelle des milliardaires américains. Entre 1998 et 2008, selon les documents publics, les Koch ont donné 198 millions de dollars à différentes causes de la droite la plus à droite. David Koch, qui, en 1980, s'est opposé à Reagan dans la campagne présidentielle comme candidat du Libertarian Party (1 % des votes), demandait, entre autres choses, l'abolition de la CIA, du FBI et des écoles publiques.

Selon un sondage du *USA Today*, 85 % des supporteurs du Tea Party se décrivent comme très ou extrêmement patriotes[14]. Leur admiration pour les Pères fondateurs les réunit et leurs discours sont bombardés de citations historiques. Le mouvement Tea Party se proclame un mouvement citoyen, sans affiliation partisane. Il prétend représenter les Américains ordinaires, déçus par l'économie, l'interventionnisme et la classe politique. Ses adeptes sont principalement des contribuables de la classe moyenne qui craignent que les États-Unis soient au bord du précipice et qui revendiquent moins d'impôts et un gouvernement moins puissant.

En réalité, comme on le verra plus loin, il semble que la formule « moins d'impôt, moins de gouvernement » servirait davantage les intérêts des très riches que ceux de la classe moyenne. Elle permettrait aux Américains nantis de réduire leurs obligations sociales. Pour la classe moyenne toutefois, qui devient de plus en plus pauvre, les impôts permettent de réduire un peu les écarts exagérés entre les revenus et de mieux redistribuer la richesse.

En résumé, le Tea Party serait une combinaison de tactiques politiciennes empruntées à la gauche, de références prétendument non partisanes aux « Pères fondateurs » et de discours associés à la droite libertarienne.

Pour la droite américaine, principalement constituée de républicains, de Tea Partiers et de libertariens, augmenter les impôts signifie donner les moyens à un « gros gouvernement » de décider des secteurs dans lesquels il faut investir, au lieu de laisser le marché déterminer l'allocation des ressources. Or, c'est connu, Barack Obama veut investir dans des domaines comme la santé, l'éducation et les énergies vertes.

La droite américaine aime se référer au Boston Tea Party de 1773, qui a marqué les débuts de la Révolution américaine, pour rappeler que les États-Unis sont fondés sur un rêve antiétatique et antifiscal. Il s'agit d'une manipulation de l'histoire parce qu'en réalité, ce que contestaient les Pères fondateurs, ce n'était pas le bien-fondé des taxes mais plutôt le fait de les payer au roi d'Angleterre sans être représenté au Parlement britannique.

Par ailleurs, la droite américaine du XXIe siècle semble oublier que, lorsque l'impôt sur le revenu fut instauré aux États-Unis en 1913, il ne s'appliquait qu'aux plus riches et que, durant les deux grandes guerres mondiales, les Américains ont accepté de payer davantage d'impôts. En 1944, le taux d'imposition le plus élevé était de 94 % et un taux supérieur à 90 % a existé jusqu'en 1963. En 2010, le taux marginal d'imposition le plus élevé au fédéral était de 35 %, auquel il faut ajouter l'impôt des États. Parmi les États qui imposent le plus lourdement les particuliers figure la Californie, avec un taux d'imposition maximum de 9,3 %.

En proportion du budget de l'État ainsi que du budget personnel de ses membres, c'est la classe moyenne américaine qui fournit le plus gros des efforts fiscaux pour garder le navire américain à flot. Son ralliement à la cause « moins d'impôt » du Tea Party se comprend : elle s'est largement appauvrie durant la dernière décennie[15], elle subit durement les contrecoups de la récession et, pendant ce temps, son fardeau fiscal est resté à peu près constant. Une situation qui évoque les années 1930 et leurs révoltes fiscales.

Ce qui surprend toutefois, c'est de voir la classe moyenne militer pour un gouvernement moins présent et des réductions d'impôt pour les riches. L'essoufflement de la classe moyenne américaine a atteint un niveau critique en 2010 et le moment semble mal choisi pour se passer du coup de pouce de l'État. Barack Obama a déclaré à ce sujet : « Une récession brutale est venue s'ajouter à ce qui était déjà une décennie perdue pour la classe moyenne. » Selon le rapport *Economic Security at Risk*[16] publié en juillet 2010 par la Rockefeller Foundation, l'indice d'insécurité économique des familles américaines est à son plus haut niveau depuis vingt-cinq ans et l'étude souligne « l'agitation croissante de la classe moyenne ». Les faits suivants démontrent que la situation de la classe moyenne américaine s'est détériorée durant la dernière décennie. Le nombre d'Américains sous le seuil de pauvreté a augmenté de 15 % entre 2000 et 2006, indiquant que des membres de la classe moyenne ont glissé dans la pauvreté. En 2010, un Américain sur huit dépend du gouvernement fédéral pour se nourrir puisque des coupons alimentaires sont distribués à plus de 40 millions de citoyens. Ce chiffre a augmenté de 20 % en un an. En 2010, plusieurs spécialistes estiment que le taux de chômage réel aurait atteint 22 %[17]. Ce chiffre inclut le sous-emploi[18] et les Américains qui ont renoncé à chercher du travail, sortant ainsi des statistiques officielles. Pendant ce temps, les riches s'en sont tirés à meilleur compte: selon l'article « *After Our Bubble* » publié par le *Harvard Magazine* en août 2010, les deux tiers de la croissance des revenus qui a eu lieu aux États-Unis entre 2001 et 2007 sont allés au 1 % le plus riche de la population. Ce qui signifie 60 % d'augmentation du revenu moyen de cette tranche de la population, et 6 % d'augmentation pour le reste de la population[19].

En 2010, le continent européen souffre aussi de problèmes économiques et fiscaux. Dans un premier temps, la dette de près de 400 milliards de la Grèce et son incapacité d'emprunter à des taux d'intérêt raisonnables ont eu un impact considérable sur le reste des pays de l'Union européenne (UE), principalement en faisant chuter la valeur de la monnaie commune, l'euro, et en semant l'inquiétude au sein des pays membres. L'UE et le FMI tentent tous deux de résorber la crise, mais leurs solutions ne plaisent pas aux contribuables grecs. Le gouvernement Papandréou ayant adopté, sous leur pression, des mesures d'austérité telles que diminution des salaires des fonctionnaires, campagne contre l'évasion fiscale, hausse des taxes et diminution des services sociaux, de nombreuses manifestations et grèves générales ont eu lieu pour protester, des contribuables envoyant des messages clés à leur gouvernement: « FMI et UE nous volent un siècle d'acquis sociaux » ou encore « Faire payer la crise par les riches »... La Grèce aura recours à l'aide internationale, mais la crise est loin d'être terminée.

Le déficit étant devenu la norme en matière de finances publiques, il faut plus que cela pour qu'un État s'inquiète. C'est pourquoi les gouvernements portugais et espagnol n'apprécient pas particulièrement que certains prétendent qu'ils sont dans une situation similaire à celle de la Grèce. Ces deux pays ont adopté des mesures de relance. L'Espagne vise la réduction des dépenses publiques de 15 milliards d'euros, en réduisant entre autres les salaires des fonctionnaires, mais d'après le secrétaire général de l'organisation syndicale CCOO en Catalogne, Joan Carles, « le problème ne passe pas par la réduction du salaire des fonctionnaires mais par la réforme du système financier et la mise en place d'une réforme fiscale qui garantisse des recettes publiques suffisantes pour mener les politiques publiques nécessaires ». Au Portugal, le gouvernement opte pour une hausse des impôts sur le revenu et de la TVA, l'instauration d'une surtaxe pour certaines entreprises au gros chiffre d'affaires et la baisse des « salaires des titulaires de postes politiques et des gestionnaires publics ». Les syndicats qualifient ce drastique resserrement de « choc fiscal »...

*

*   *

Les événements répertoriés plus haut ne représentent qu'une infime partie des mouvements antifiscaux du passé et du temps présent. Les tensions qui traversent le système fiscal laissent présager que les générations futures pourraient aisément ajouter leurs contestations à cette liste. Les nouvelles technologies de l'information et la mondialisation des médias permettent aux contribuables du XXIe siècle de s'unir plus facilement pour combattre les autorités fiscales.

Le XXe siècle a reporté les problèmes fondamentaux de ses régimes d'imposition sur le XXIe siècle qui ne peut plus les esquiver. Et il faut maintenant tenir compte des réalités nouvelles qui ajoutent une pression grandissante sur les régimes d'imposition : la mondialisation, les paradis fiscaux, le commerce électronique, les richissimes fondations de charité et la crise environnementale. La pression fiscale monte, les finances publiques s'enfoncent et une implosion ou une explosion des systèmes est à craindre.

CHAPITRE II

De moins en moins,
jusqu'à plus rien

En 1907, Woodrow Wilson, président des États-Unis, déclarait:
« Comme le commerce ignore les frontières nationales et que les
industriels insistent pour faire du monde un seul marché, le dra-
peau de leur pays doit les suivre, et les portes des pays qui leur sont
fermées doivent être enfoncées. Les concessions obtenues par les
financiers doivent être défendues par les ministres, même si les
pays réticents y voient une attaque de leur souveraineté[1]. »

Les partisans de la mondialisation aujourd'hui prônent l'ouverture totale des marchés afin de permettre à la magie du profit d'opé-
rer sans barrières économiques. Ils justifient leur position par une
doctrine économique, là où Wilson se contentait de l'intérêt national.
Dans un monde parfaitement mondialisé, le champ de la concurrence devient la terre entière et pour y survivre, les entreprises
doivent générer un profit « satisfaisant ». Ainsi, prétendent ses partisans, la mondialisation permet-elle l'utilisation optimale des ressources – car seules les formules de production fructueuses survivent – et
cela ne peut être qu'à l'avantage de tous les êtres humains.

De leur côté, en contexte de libre marché, les pays doivent attirer et retenir les entreprises. Ils disposent pour cela de plusieurs
moyens. Une main-d'œuvre qualifiée à bas prix et un régime d'imposition avantageux forment une combinaison gagnante. Des infrastructures de qualité ainsi que l'accès à certaines ressources naturelles ont également une influence sur le choix du pays d'implantation
des transnationales.

Les succès liés à l'ouverture des marchés (comme la montée en puissance de l'économie chinoise) donnent du poids à l'idéologie de la mondialisation. Mais cette doctrine comporte pourtant des faiblesses importantes.

Les conséquences économiques négatives que la mondialisation engendre pour les États-Unis semblent avoir été négligées. Le 28 janvier 2009, à Washington, lors d'une conférence de presse à l'Economic Policy Institute[2], Robert Cassidy (un ancien responsable des relations Chine–États-Unis pendant la présidence de Bill Clinton) a tenu un discours surprenant. Il a formulé l'opinion que la mondialisation avait grandement nui aux Américains. L'intégration de la Chine à l'Organisation mondiale du commerce (OMC) en particulier aurait eu des conséquences très négatives pour le peuple américain : moins de possibilité d'emploi, moins de stabilité économique et surtout moins de revenu pour le gouvernement et ses citoyens[3]. Selon l'Economic Policy Institute, la balance commerciale déficitaire des États-Unis vis-à-vis de la Chine aurait en effet causé la perte de 2,4 millions d'emplois entre les années 2001 et 2008[4].

En réalité, ce sont les vertus politiques de la mondialisation qui ont d'abord séduit les Américains dans les dernières années de la guerre froide. Contrairement à ce qu'on entend souvent, les avantages économiques n'étaient peut-être pas l'objectif premier des politiques favorisant la mondialisation. Cela expliquerait que certaines conséquences économiques néfastes pour les États-Unis aient été sous-évaluées. Selon Robert Lawrence, professeur à Harvard, qui a été un des conseillers économiques du président Clinton de 1998 à 2000, la mondialisation comportait des avantages économiques certains, mais il s'agissait aussi d'un moyen pour imposer l'économie de marché aux pays communistes. En ce sens, les Américains ont vu juste puisque, officiellement, à part Cuba et la Corée du Nord, tous les pays, depuis la fin de la guerre froide, ont adopté le capitalisme ou le capitalisme d'État.

Une autre lacune des idéologies prônant la mondialisation, c'est leur grande difficulté à arrimer les régimes d'imposition à cette nouvelle réalité économique. Dans un monde libre d'entraves économiques, les multinationales peuvent magasiner leur régime d'imposition et choisir le pays qui leur offre les taux d'imposition les plus avantageux. Au fil des ans, cette dynamique a plongé les pays dans une concurrence féroce et a engendré une chute dramatique des taux d'imposition applicables aux multinationales.

Comme on le verra, de la défiscalisation des sociétés découlent l'ébranlement des finances publiques et une surcharge fiscale des autres types de contribuables, ce qui marque un défaut crucial de l'orientation actuelle de la mondialisation.

Si on ne peut faire reculer la mondialisation, il faut cependant trouver des solutions pour s'assurer de la santé des finances des États et que le fardeau fiscal reste équitable pour la majorité des êtres humains. Malheureusement, pour le moment, les différentes solutions avancées pour rectifier cette situation sont pratiquement impossibles à implanter.

La défiscalisation des entreprises

En moyenne, les pays de l'OCDE ont réduit leur taux d'impôt sur les sociétés de 40 % ces vingt dernières années. Durant la dernière décennie, la concurrence fiscale s'est encore intensifiée sous l'influence de la mobilité croissante des multinationales. Ainsi, entre 2000 et 2007, 24 des 30 pays de l'OCDE ont abaissé les taux de l'impôt sur les sociétés, mais aucun ne les a relevés. En conséquence, les taux moyens d'imposition des sociétés dans l'ensemble des pays de l'OCDE sont passés de 33,6 % en 2000 à 27,6 % en 2007.

Au Canada, ces taux ont chuté de 50 % depuis l'an 2000 (de 29,9 % en 2000 à un taux de 15 % prévu pour 2012). C'est la plus importante réduction d'impôt de l'histoire du Canada et la plus importante de tous les pays de l'OCDE.

Si la défiscalisation des sociétés maintient son rythme actuel et que les pays continuent d'agir chacun pour soi dans cette compétition mondiale, il n'y a aucune raison de croire que cette « course vers le fond » (*race to the bottom*, dixit plusieurs grandes organisations dont l'ONU) n'aboutira pas à une défiscalisation totale des grandes entreprises d'ici quelques décennies.

Dans *L'Observateur de l'OCDE* du mois de mai 2007, un auteur explique qu'« en extrapolant la tendance linéaire observée dans les pays de l'OCDE, les taux d'imposition seraient nuls vers le milieu du siècle[5] ». L'American Enterprise Institute for Public Policy Research (AEI), un think tank de droite très puissant fondé en 1943 et qui a grandement influencé les politiques néoconservatrices de l'administration Bush, déclarait dans le même sens à l'occasion du 30e anniversaire de ses *Notes fiscales* (*Tax Notes*), en 2002 : « En conséquence de l'échec des tentatives d'harmonisation de la fiscalité, il semble douteux que l'impôt sur les entreprises existera encore quand cette publication fêtera ses 60 ans d'existence[6]. »

Cela dit, pour accroître encore les avantages fiscaux des multinationales, il faudrait consentir d'énormes sacrifices. À force de réduire les taux d'imposition des sociétés, les États n'auront plus assez de revenus pour assumer les dépenses minimales qui leur incombent. Au Canada, en mars 2010, le chef du Parti libéral Michael Ignatieff expliquait ainsi la position de son parti : « Il n'y a aucune proposition d'augmenter les taxes de qui que ce soit, mais [nous voulons] simplement pousser le bouton "pause" sur les baisses d'impôt des sociétés parce que nous n'avons pas les moyens. Nous sommes dans un trou de 54 milliards de dollars, et nous avons fortement besoin d'investir dans la formation de notre jeunesse. »

Ajoutons qu'en plus des baisses d'impôt déjà accordées depuis quinze ans et de la concurrence déloyale des paradis fiscaux, les multinationales profitent de crédits d'impôt et de déductions fiscales généreux, et souvent de congés d'impôt – en vertu desquels elles sont exemptées de l'impôt sur les sociétés pendant les premières années de leur implantation, le temps nécessaire, pense-t-on, pour les fidéliser.

Mais les multinationales sont difficiles à fidéliser. Le cas du géant informatique Dell démontre le pouvoir des multinationales et leur indifférence envers leurs pays hôtes. En 2008, Dell a annoncé la fermeture de ses usines en Irlande et leur relocalisation en Pologne, provoquant la panique en Irlande. Au moins 1900 emplois ont été supprimés, mais si on tient compte aussi des fournisseurs de Dell, ce sont 10 000 emplois qui ont disparu dans la région de Limerick. Dell avait adopté l'Irlande pour profiter du régime fiscal préférentiel offert aux grandes sociétés et, depuis dix-neuf ans, ce site était le fer de lance du groupe avec une productivité record. L'UE s'est vue contrainte d'injecter près de 15 millions d'euros dans l'économie de Limerick pour tenter de l'aider à se remettre du départ de Dell.

Pendant ce temps, en Pologne, la situation est tout autre. Lodz est en plein boom. Après l'effondrement de l'industrie textile, cette ville industrielle de 700 000 habitants s'est lancée dans un vaste programme pour attirer les investisseurs étrangers. L'usine Dell sera implantée, aux côtés de celles de Bosch et de Gillette, dans la zone économique spéciale qui borde la ville. Il faut dire

que Dell a aussi reçu 54,4 millions d'euros d'aide du gouvernement polonais en septembre 2009 (aide approuvée par la Commission européenne) pour son implantation à Lodz, soit près du
quart de l'investissement total engagé par le constructeur américain sur le site.

Arguments pour la défiscalisation des entreprises

Malgré cette compétition entre États, visiblement néfaste, certains
arguments sont parfois proposés pour la défendre. Charles Tiebout
a été le premier économiste à se poser en faveur de la concurrence
fiscale. Dans l'article « A Pure Theory of Local Expenditures » (1956),
Tiebout explique que la compétition fiscale n'est pas nocive car,
d'un côté, les États proposent une combinaison d'impôts et de services et, de l'autre côté, les contribuables peuvent « voter avec leurs
pieds », c'est-à-dire qu'ils se déplaceront là où la combinaison im-
pôts/services leur convient. D'après Tiebout, cette concurrence
pousserait les États à atteindre globalement la meilleure combinaison impôts/services.

La principale faille de ce raisonnement est qu'il est fondé sur la
mobilité des contribuables alors qu'au XXIe siècle, le capital financier
est devenu plus mobile que le capital humain et qu'en réalité, la
presque totalité des individus n'ont pas la possibilité d'aller s'établir là où la pression fiscale est moindre.

Depuis Tiebout, d'autres arguments en faveur de la compétition
fiscale entre les pays ont été avancés. Par exemple, certains soutiennent que la baisse des revenus des États causée par la défiscalisation des multinationales incitera les pays à réduire les dépenses
inutiles et à mieux gérer leur portefeuille. L'expérience des quinze
dernières années va à l'encontre de cet argument parce que la baisse
des taux d'imposition des sociétés a plutôt entraîné une hausse des
impôts des particuliers et des taxes à la consommation. L'assiette
fiscale est réduite, mais l'État tente toujours d'obtenir autant de revenu pour rembourser sa dette et fournir un minimum de services.

D'autres pensent que dans un monde où régneraient une parfaite concurrence et la libre circulation du capital, la défiscalisation
des entreprises pourrait être avantageuse pour les gouvernements.
Dans cette situation économique idéale, les entreprises ne consti-
tueraient qu'un carrefour de production, et leur imposition serait
une étape inutile au financement des États parce qu'au bout du

compte, ce seraient les actionnaires, les employés ou les clients qui paieraient l'impôt. Les États économiseraient donc temps et argent.

Une question se dégage de cette réflexion : qui paie ultimement l'impôt sur les sociétés ? Les actionnaires, les clients ou les employés ? Dans la perspective où les sociétés cesseraient de payer de l'impôt, la réponse à cette question est cruciale pour pouvoir refiler le fardeau fiscal correspondant au bon groupe de contribuables.

Le tableau I résume les différentes écoles de pensée. Les économistes sont divisés sur cette question et lui donner une réponse ferme semble impossible. Disons toutefois que, selon un sondage effectué à la fin des années 1990 et dont les conclusions sont encore pertinentes en 2010, la majorité des économistes sont d'avis que les actionnaires paieraient 40 % de l'impôt des sociétés.

Un autre argument en faveur de la défiscalisation des entreprises voit dans la non-uniformité inévitable de l'impôt des entreprises (à l'intérieur des pays comme entre eux) un facteur supplémentaire de distorsions économiques locales et internationales. Au niveau local, les traitements de faveur accordés à certaines entreprises en raison de leur taille peuvent effectivement freiner la croissance naturelle de leurs concurrentes et, par voie de conséquence, l'utilisation optimale des ressources d'un pays. Au niveau international, les distorsions sont encore plus importantes puisque le choix de la juridiction où établir le siège social, la production et la distribution d'une multinationale est directement influencé par les politiques fiscales.

Arguments contre la défiscalisation des entreprises

En pratique, aucun pays n'opère dans le contexte économique idéal qui est le modèle de référence des partisans de la défiscalisation, et plusieurs arguments contre celle-ci émanent directement de la prise en compte de cet état de fait. Sur les huit arguments principaux contre la défiscalisation des entreprises qu'on peut identifier, plusieurs toutefois resteraient pertinents même dans un monde de concurrence pure et parfaite. Voici ces arguments :

1. Un premier argument est que l'impôt que les sociétés ne paieront plus devra être payé par d'autres groupes de contribuables. Toutefois, comme on l'a vu plus haut, les économistes ne peuvent s'entendre sur lequel des trois

Tableau I	
Qui supporte le fardeau fiscal des sociétés?	
ARGUMENTS POUR	**ARGUMENTS CONTRE**
LES ACTIONNAIRES	
Les actionnaires subissent la fiscalité de l'État où ils choisissent d'investir, en ce sens que le prix des actions et les dividendes versés sont intimement liés au traitement fiscal de la société dans laquelle ils ont investi.	À l'ère de la mondialisation, le capital est mobile. Les administrateurs peuvent donc déménager l'entreprise là où l'impôt sur les sociétés est moindre, voire même inexistant.
LES EMPLOYÉS	
L'impôt des sociétés réduit la capacité des entreprises à réinvestir dans l'amélioration de l'outil de production, la formation et le développement, etc. Il en résulte une baisse de la productivité des employés et, donc, une baisse de leur rémunération. De plus, les employés seront probablement encouragés à déménager dans des États à imposition moins élevée. Ainsi, les employés ne bénéficiant pas de la mobilité des compagnies perdront leurs emplois ou devront être relocalisés.	Le profit réalisé par les entreprises est intimement lié à la productivité des employés. À l'ère des nouvelles technologies, la main-d'œuvre spécialisée est en forte demande et les entreprises doivent offrir des conditions de travail intéressantes pour attirer des employés qualifiés. Ainsi, elles ne peuvent se permettre de transformer l'impôt des sociétés en réduction de salaire.
LES CLIENTS	
La théorie du report de l'impôt des entreprises sur les consommateurs a d'abord été avancée au XVIIe siècle par l'économiste Sir William Petty. D'après lui, ce sont les consommateurs qui écoperont en payant un prix plus cher pour les biens et services des entreprises devant payer de l'impôt.	Depuis l'ouverture des marchés, les entreprises ne peuvent se permettre de hausser les prix et de risquer ainsi de se faire écraser par leurs concurrents établis dans des pays au régime d'imposition moins gourmand. L'impôt des sociétés ne peut donc pas être refilé aux consommateurs.

groupes de contribuables (actionnaires, employés ou clients) assume présentement le fardeau fiscal des sociétés.

2. Un deuxième argument est que l'impôt sur les sociétés permet l'imposition immédiate du revenu d'entreprise. Sinon, dans un contexte de défiscalisation corporative, le moment où l'impôt devient payable sur les revenus réalisés par les sociétés par actions dépend du moment où elles décident de

transférer les sommes aux actionnaires, aux employés ou aux clients. Dans un contexte de finances publiques, il est difficilement possible de laisser une telle latitude aux sociétés par actions qui peuvent ainsi décider du moment où les impôts seront payés à l'État.

3. Un autre argument est que, conscients du traitement de faveur accordé aux entreprises, plusieurs contribuables qui n'auraient normalement pas envisagé la chose sont maintenant tentés de se constituer en société, de « s'incorporer » comme on dit couramment. Cela crée finalement un déséquilibre considérable entre les citoyens et amplifie toujours davantage la charge des particuliers. Ceux qui ne « s'incorporent » pas, parce qu'ils ne sont pas informés des avantages fiscaux que cela représente, en raison des coûts associés au processus ou, plus généralement, parce que ce n'est pas possible dans leur domaine d'emploi, se retrouvent à assumer en partie la part d'impôt que leurs concitoyens « incorporés » auraient dû fournir (l'État cherchant à conserver un certain niveau de recettes fiscales – mais il y a des chances pour que ses revenus globaux diminuent aussi).

4. Un quatrième argument est que l'impôt sur les sociétés puise dans les « superprofits ». Les sociétés sont généralement imposées sur la marge de profit qui excède ce que les économistes considèrent comme le « profit normal ». C'est-à-dire que cet impôt qui fait des prélèvements dans leur surplus ne fait pas grand mal aux compagnies, mais constitue une source nécessaire de revenu pour le gouvernement tout en respectant le principe d'une certaine équité entre les différents acteurs sociaux dans le partage du fardeau fiscal.

5. Un autre argument répond, lui, à la défiscalisation ciblée, très pratiquée. Imposer toutes les compagnies, aussi bien les multinationales que les PME, est une mesure équitable et stratégique. En effet, il serait injuste de défiscaliser un type d'entreprises, que ce soit les multinationales ou les PME, alors que les autres continueraient d'être imposées. L'OCDE n'adhère pas à ce raisonnement. Elle soutient que le traitement fiscal des PME est trop complexe, qu'il engendre des coûts inutiles et freine leur croissance.

6. Un sixième argument, répondant cette fois à la tendance à la défiscalisation des grandes entreprises, souligne que toute multinationale a d'abord été une PME. C'est là une étape inévitable. Dans l'hypothèse où la majorité des États en viendraient à une défiscalisation totale des grandes entreprises dans leur tentative de les attirer chez eux, on pourrait, en bonne logique, penser que les nouveaux entrepreneurs se feront très rares et qu'une espèce d'oligopole formé des multinationales existantes mènera le monde. Un tel phénomène pourrait déjà être amorcé : de multiples produits en magasin semblent provenir de fabricants concurrents en raison de leurs noms différents, quand, en fait, ils sont tous fabriqués par la même multinationale... Si cette situation n'est pas souhaitable dans une société démocratique capitaliste, les gouvernements se doivent de légiférer en tenant compte des différences de réalité intrinsèques à chaque type d'entreprise.

7. Un septième argument est que les compagnies ne peuvent vouloir profiter du système sans y contribuer. Qu'on le calcule tant en pourcentage du PIB qu'en prélèvement fiscal global, l'impôt sur les sociétés diminue. Pourtant, comme les autres acteurs économiques, les entreprises ont besoin de l'État, de ses divers services.

Rappelons en effet que lorsqu'une multinationale choisit un pays pour s'y établir, ce choix est influencé, outre le traitement fiscal, par plusieurs autres facteurs tels que la qualité des infrastructures et de la main-d'œuvre, l'accès aux ressources naturelles, la qualité du système juridique, etc.[7]. Ainsi, il serait logique et juste que ces éléments déterminants pour ces sociétés ne leur soient pas offerts gratuitement, tandis que le reste des contribuables en assumeraient seuls les coûts. De plus, il arrive souvent qu'un certain nombre d'employés des grosses sociétés ne soient pas des citoyens du pays hôte et donc ne soient pas imposés dans ce pays. Il serait donc encore plus injuste que ni les employés ni les employeurs ne paient d'impôts en échange de l'utilisation des services publics.

8. Enfin, un huitième argument est que la défiscalisation des sociétés n'est pas une garantie pour attirer du capital financier. Certes, la défiscalisation des entreprises peut

s'avérer un outil précieux pour attirer les multinationales dans un pays donné. Entre les années 1990 et 2000, plusieurs entreprises ont décidé de s'installer en Irlande en raison de sa fiscalité attractive. Malgré la crise de la dette de 2010, le ministre des Finances de l'Irlande, Brian Lenihan, refuse même de faire marche arrière. Selon lui, « mieux vaut ponctionner lourdement la population irlandaise que de prendre le risque de tout perdre en faisant fuir les capitaux internationaux ».

Mais pour d'autres pays comme la Grèce, le Portugal et le Canada, la défiscalisation n'entraînerait pas systématiquement une hausse des investissements étrangers. Au contraire, entre 2000 et 2006, les taux d'imposition des sociétés au Canada sont passés de 28 % à 21 % et une diminution des investissements étrangers a malgré tout été constatée[8].

Il faut considérer, d'une part, que la fiscalité n'est pas le seul critère que contemplent les multinationales dans leur choix de résidence. Elles considèrent nécessairement d'autres critères, tels que les services offerts par le pays, les conditions d'emploi, la situation politique, la langue, etc.

D'autre part, la fiscalité internationale fait souvent intervenir un « transfert de trésorerie » : dans la plupart des pays de l'OCDE, les règles fiscales internationales reposent sur le principe de l'imposition des résidents en fonction de leurs revenus mondiaux et prévoient des crédits au titre des impôts payés à l'étranger. Selon ces règles, une multinationale étrangère qui reçoit un dividende de sa filiale canadienne devrait ultimement être imposée suivant le plus élevé des deux taux en vigueur, celui de son pays de résidence ou celui du Canada.

Ainsi, même si le Canada réduit ses taux d'imposition, le poids fiscal global des multinationales pourrait ne pas être atténué. En effet, le crédit d'impôt accordé par le pays de résidence serait du même coup diminué et l'impôt à payer dans ce pays augmenté en conséquence. Le Canada subirait alors une perte de revenu sans pour autant profiter d'une hausse des investissements étrangers directs (IED)[9]. Sa renonciation aux impôts profiterait ainsi à d'autres pays !

En 2008, le gouvernement canadien a néanmoins décidé de réduire les taux d'imposition des grandes sociétés canadiennes de

22 % à 15 %. Dans un rapport de recherche du ministère des Finances publié en 2008[10], le gouvernement canadien reconnaît que la réduction des taux d'imposition pourrait effectivement engendrer une perte de recettes au profit d'autres juridictions, mais minimise ce facteur en avançant des arguments qui laissent perplexe.

Par exemple, on explique que les multinationales américaines (représentant 50 % des investissements étrangers en sol canadien) peuvent planifier leurs affaires de manière à rapatrier aux États-Unis le revenu gagné au Canada sans que l'impôt à payer aux États-Unis augmente pour autant – les baisses d'impôt au Canada conservant donc leur intérêt pour elles. En d'autres termes, le gouvernement fédéral défend l'utilité de sa politique fiscale par l'argument que les multinationales tenteront de contourner l'impôt dans leur pays d'origine !

Ou encore, le gouvernement canadien explique que les multinationales américaines peuvent « regrouper les revenus d'administrations à taux d'imposition faibles et à taux élevés quand elles calculent les impôts additionnels à payer au rapatriement des dividendes aux États-Unis, si bien qu'un taux faible au Canada n'entraînerait pas nécessairement un transfert de trésorerie ». Or, dans un contexte de compétition fiscale, le gouvernement peut-il vraiment présumer que les multinationales américaines investiront dans des juridictions dont les taux d'imposition sont significativement plus élevés qu'au Canada et qu'ainsi les transferts de trésorerie seront évités ?

Les arguments contre la défiscalisation des entreprises ne seraient pas complets si on ne présentait pas les problèmes les plus importants qui en découlent.

Mise en péril des finances publiques des pays

Selon les plus récentes statistiques de l'OCDE, les sociétés par actions supportaient en moyenne 11 % du budget des pays membres en 2007[11]. Le Canada et les États-Unis se tiennent dans la moyenne de l'OCDE avec des ratios équivalents de 11 % en 2007[12]. Considérant l'importance financière de l'impôt des sociétés dans les budgets des États, son abolition pourrait-elle mettre en péril les finances publiques des pays ?

En mai 2007, *L'Observateur de l'OCDE* répond à cette question en expliquant que « si nous ne réagissons pas, nous pourrions être à la veille d'une *crise fiscale mondiale* nuisible à l'activité économique. Le travail et la consommation ne peuvent être seuls à supporter le poids de la fiscalité. L'inaction dans ce domaine mènerait à une baisse des revenus de l'État et à une spirale économique négative[13] ».

En mai 2000, alors que la chute des taux d'imposition des sociétés s'amorçait dans les pays, la *Harvard Law Review* prévenait que « [l]a mondialisation et la concurrence fiscale mènent à une *crise des finances publiques* pour les pays qui entendent continuer à garantir à leurs citoyens une couverture sociale dans un temps où les facteurs démographiques et l'augmentation des inégalités de revenu, de la précarité d'emploi et de la volatilité des revenus qui résulte de la mondialisation rendent cette couverture plus nécessaire que jamais[14] ».

Au Canada, les partisans de la défiscalisation des sociétés soutiennent généralement que les réductions des taux d'imposition ne mettent pas en péril les finances publiques du pays parce qu'elles sont compensées par une augmentation de l'activité commerciale et des revenus assujettis à l'impôt. Autrement dit, selon les supporteurs de cette théorie, les sociétés par actions continueraient de financer le Canada dans les mêmes proportions après les réductions d'impôt.

Dans les faits, selon les plus récentes statistiques compilées par l'OCDE, cette présomption semble toutefois erronée. Entre les années 1975 et 2007, l'affaiblissement substantiel des taux d'imposition des sociétés au Canada aurait engendré une réduction de 25 % dans la proportion des impôts sur le revenu que supportent les sociétés dans les finances publiques canadiennes (cette proportion passant de 15 % en 1975 à 11 % en 2007). Cette tendance est aussi remarquée dans les autres pays. Par exemple, la contribution des sociétés par actions à l'assiette fiscale a chuté de 51 % au Japon et de 39 % aux États-Unis et en Allemagne entre 1970 et 2003[15].

Jusqu'à présent, une crise de la fiscalité a pu être évitée dans la plupart des pays parce que, d'abord, ils étaient en expansion et que les assiettes fiscales s'élargissaient à mesure que les taux d'imposition étaient abaissés, et qu'ensuite il a été possible de faire absorber le manque à gagner qui en découlait par l'augmentation de l'endettement des pays ou la charge fiscale des travailleurs. Mais ces mesures compensatoires semblent atteindre leurs limites.

Au Canada, la part des finances publiques que supporte l'impôt sur le revenu des particuliers est passée de 22 % en 1975 à 37 % en 2007, représentant une augmentation de 70 %. Dans l'Europe des 27, il n'est plus possible d'augmenter les impôts des travailleurs dont les salaires représentent une part de plus en plus faible du revenu national : ils sont passés de 68 % en 1982 à 59 % en 2005. Aux États-Unis, ils ont atteint 56,9 % en 2005, leur plus bas niveau depuis 1966, abstraction faite d'une courte période en 1997[16].

Par ailleurs, pour plusieurs pays, une augmentation de la dette est maintenant difficilement envisageable. La crise de la dette grecque illustre plusieurs de ces propos. La dette du pays a atteint un point culminant de 300 milliards d'euros (115 % du PIB) en 2010 et le déficit public s'est élevé à 14 % du PIB en 2009. Des mesures strictes d'austérité ont été décidées en échange d'un prêt des autres pays de la zone euro et du FMI de 110 milliards d'euros sur trois ans.

En 2006, il avait été prédit par le CPB Netherlands Bureau for Economic Policy Analysis que d'importantes réductions de l'impôt sur les sociétés pourraient avoir comme conséquence d'anéantir l'économie de la Grèce, qui avait déjà réduit ces taux d'un tiers, passant de 40 % à 25 % entre les années 1996 et 2007[17]. Ces réductions d'impôt ont effectivement engendré un affaissement brutal de 50 % de la part que supportait l'impôt des sociétés dans les finances publiques de la Grèce[18].

Avant que la crise de la dette grecque n'éclate, le gouvernement de ce pays avait promis aux sociétés des réductions d'impôt additionnelles en vertu desquelles leur taux d'imposition serait progressivement réduit à 20 % entre les années 2010 et 2014. Malgré le besoin crucial de liquidités et l'importance démontrée de l'impôt des sociétés pour les finances publiques, la Grèce a annoncé le 12 septembre 2010 qu'elle devancera les réductions d'impôt promises aux entreprises qui pourront ainsi profiter du taux réduit d'imposition de 20 % dès 2011[19]. Au moment de cette annonce, le premier ministre de la Grèce, George Papandreou, a déclaré : « Ou bien nous vaincrons tous ensemble, ou bien nous périrons tous ensemble[20]. » Pendant ce temps, les particuliers doivent renflouer les coffres avec un plan d'austérité et des augmentations drastiques de taxes.

Destruction de l'équilibre des pouvoirs entre l'État, les marchés et les citoyens

Pour s'assurer du bon fonctionnement d'un pays, la liste de contrôle (*check-list*) est assez longue mais elle peut être réduite à quelques règles de base. Par exemple, il est généralement reconnu que pour élever le niveau de vie des habitants d'un pays, il faut développer l'épargne, l'accumulation de capital, l'éducation, la technologie et les infrastructures.

Un problème très important de la défiscalisation des entreprises est qu'elle met en péril une règle de base importante à l'effet que, pour optimiser le bon fonctionnement d'un pays ayant adopté l'économie de marché, on doit favoriser le maintien de l'équilibre entre la puissance de l'État, des marchés et des citoyens. Dans le cas contraire, le système réagit et tente de rétablir l'équilibre de lui-même. Pendant cette période d'ajustement, le pays n'utilise pas ses ressources de manière optimale et il porte atteinte au bien-être de ses habitants.

Par exemple, si l'État est plus puissant que les citoyens, il y a naissance d'une dictature. Dans le cas contraire, si les citoyens deviennent plus puissants que l'État, il y a anarchie. Ainsi de suite. Le seul cas où aucune réponse n'est encore connue, c'est lorsque les règles du marché l'emportent sur celles de l'État. Ce qui est présentement le cas dans la plupart des pays industrialisés. À cet égard, le *Business Week* expliquait déjà en 1995 que « [d]ans ce nouveau marché mondial [...] des milliards peuvent entrer ou sortir d'une économie en quelques secondes. Cette puissance de l'argent est devenue telle que, pour certains observateurs, les spéculateurs sur devises en sont venus à constituer un véritable gouvernement mondial de l'ombre – qui entame irréversiblement le concept même de souveraineté des États-nations[21] ».

L'État contre le marché, le rapport de force est aussi ancien que l'État moderne lui-même. Le troisième président des États-Unis, Thomas Jefferson, mettait déjà en garde contre la montée en puissance des financiers : « J'espère que nous écraserons au berceau cette aristocratie des riches entrepreneurs qui ose déjà se mesurer au gouvernement dans une épreuve de force et défier les lois de notre pays[22]. »

Depuis les années 1980, le rapport de force entre les deux camps s'est infléchi en faveur de la haute finance avec la montée du néolibéralisme en politique, qui prétend avoir démontré que la création de richesse est plus intense lorsque l'État se retire et laisse le champ libre à l'initiative privée. Zbigniew Brzezinski, membre fondateur de la Commission trilatérale en 1972 et conseiller à la sécurité nationale du président Carter, était clair : « Les peuples, les gouvernements et les économies de tous les pays doivent servir les besoins des banques et des entreprises multinationales[23]. »

C'était là un credo qui ne posait pas de problème particulier à une large partie de la classe politique occidentale, jusqu'à la grande crise financière de 2008, qui a permis de le remettre en question. L'après-néolibéralisme est peut-être déjà en marche et l'équilibre entre les marchés et l'État va peut-être se réinstaller. Nous vivons peut-être un de ces moments où «le vieux meurt et le neuf hésite à naître[24]».

À défaut de quoi, si la tendance actuelle se maintient, on en viendrait à une situation où les «personnes morales» refileraient tout le fardeau fiscal aux «personnes physiques». On aboutirait ainsi à une nouvelle forme d'esclavage: l'esclavage industriel!

Création d'un favoritisme fiscal

Indépendamment des théories qui la favorisent ou s'y opposent, la défiscalisation des entreprises risque d'être perçue par l'opinion publique comme du favoritisme. La très grande majorité des contribuables considèrent les multinationales comme des entités générant des superprofits pour le bénéfice de riches actionnaires qui auraient amplement la capacité de payer des impôts. Pour conserver la paix sociale, il convient donc d'imposer minimalement ce groupe de contribuables.

Les partisans de la défiscalisation des entreprises espèrent faire prévaloir leur point de vue par une campagne d'information, même si la théorie économique justifiant une telle défiscalisation est contestable. Comme on l'a vu précédemment, l'impossibilité d'obtenir une réponse claire à la question «qui paie en réalité les impôts des sociétés?» en est un exemple flagrant.

Ce que les salariés ont tendance à très bien comprendre, par contre, c'est que ce sont eux qui doivent combler le manque à gagner de l'État. Entre 1975 et 2007, le fardeau fiscal des personnes physiques est passé de 18 milliards de dollars à 195 milliards[25].

Des solutions difficiles à implanter

Certains, au Canada et ailleurs dans le monde, ont proposé des solutions draconiennes pour réagir à la cause première du favoritisme fiscal à l'égard des multinationales et de la surimposition des particuliers, à savoir la compétition fiscale. Trois mesures, principalement, ont été proposées pour atténuer, voire éliminer, la compétition fiscale entre pays, mais elles nécessitent toutes un certain degré de

coopération interétatique. Pour des questions comme l'environnement et la santé, la concertation entre États semble envisageable.
Mais pour les questions de défense et l'impôt, cela paraît peu probable parce qu'il s'agit d'attributs essentiels de la souveraineté des
pays. Ainsi, certaines organisations comme l'UE et l'OCDE ont déjà
tenté d'implanter des systèmes de taxation à l'échelle internationale,
mais ces efforts ont été infructueux.

En 1992, la Commission européenne a proposé un taux minimum de 30 %, un taux alors bien au-dessous de ceux en vigueur
dans les différents pays de l'Union, si on excepte l'Irlande et la Finlande. En 2010, tous les pays de l'UE, à part la France, ont un taux
d'imposition des sociétés inférieur à 30 %.

La taxe bancaire et la taxe Tobin sont aussi des exemples de
régimes d'imposition internationaux, qui auraient pu atténuer, dans
une certaine mesure, la compétition fiscale interétatique. Toutefois,
l'une comme l'autre ont été rejetées.

La taxe bancaire, proposée par la France et l'Allemagne, a été
rejetée par le G20 lors de son sommet à Toronto au mois de juin
2010. L'idée générale était d'instaurer une taxe sur toutes les opérations présentant un risque pour le système financier, notamment
certaines activités spéculatives.

Après l'échec des discussions en juin 2010, les promoteurs de
l'idée, la France et l'Allemagne, ont écrit en juillet à la présidence
belge de l'Union européenne pour relancer l'idée. Christine Lagarde,
ministre de l'Économie en France, a déclaré à l'issue d'une réunion
des 27 ministres des Finances de l'UE en septembre 2010 que la
taxe bancaire « est techniquement faisable, pratiquement difficile,
politiquement souhaitable et financièrement aléatoire[26] ». Elle estime
que l'implantation d'une telle taxe permettrait à la France de prélever une somme additionnelle de près de deux milliards d'euros sur
trois ans auprès des banques (504 millions en 2011, 555 millions en
2012 et 810 millions en 2013)[27].

La taxe Tobin est un outil de lutte contre la spéculation imaginé
par James Tobin, professeur à l'université Yale aux États-Unis et
Prix Nobel d'économie en 1981. Cette proposition a depuis été reprise par deux autres économistes réputés : Joseph Stiglitz, Prix Nobel d'économie en 2001, et Lawrence Summers, ancien secrétaire
au Trésor des États-Unis. L'idée en est de taxer toutes les opérations
de change pour décourager les spéculateurs qui effectuent des
conversions de devises aller-retour en quelques secondes. Selon

l'expression de M. Tobin lui-même, il s'agit de « mettre un grain de sable » dans ces mécanismes, sous la forme d'une taxe à très faible taux (0,01 %) dont les recettes seraient redistribuées aux pays les plus pauvres. La France, la Finlande, la Belgique et l'Allemagne se sont déjà prononcées pour la taxe Tobin. Les États-Unis s'y sont opposés. En 2009, le Canada, la Suisse, l'Australie, la Russie et l'Inde l'ont aussi rejetée.

Cette première réserve générale émise, revenons aux trois propositions pour contrer la compétition fiscale internationale qui ont été évoquées plus haut.

1. Première possibilité: la création d'un forum de discussion mondial qui s'efforcerait de trouver des solutions à la concurrence fiscale. Cet organe autonome fonctionnerait en marge des institutions qui existent présentement ou pourrait être pris en charge par une organisation internationale existante. Il chercherait à établir un consensus fiscal mondial, en considérant l'opinion de tous les pays. Il se démarquerait nettement de l'OCDE, qui ne comprend que 34 pays membres ayant comme caractéristique commune d'être industrialisés.

Cette proposition serait difficile à implanter parce que, pour que cela fonctionne, il faudrait que tous les pays du monde acceptent d'adhérer à cette organisation. De plus, pour que celle-ci soit efficace, il faudrait que tous les pays, même ceux qui s'opposeraient aux mesures proposées, acceptent de les appliquer. Cette proposition exige une renonciation partielle des pays à leur souveraineté en matière fiscale, ce qui paraît peu vraisemblable. Du moins à court terme.

2. Deuxième solution: la création d'une entente fiscale mondiale, qui imposerait un cessez-le-feu dans la guerre des taux d'imposition. Au lieu de créer un forum de discussion mondial, il serait possible d'envisager une entente d'imposition minimale liant tous les pays signataires (par exemple, l'imposition minimale de 30 % proposée par la Commission européenne en 1992).

Cette solution comporte les mêmes difficultés que la première en ce sens qu'elle nécessite un consensus unanime et met en quelque sorte la souveraineté des pays entre parenthèses. De plus, elle désavantagerait les pays en voie de développement qui profitent de la concurrence fiscale pour attirer des multinationales. Une façon de contourner ce problème serait que les pays développés acceptent de soutenir financièrement les pays en voie de développement, pour le manque d'impôts qu'ils auraient à pallier durant les premières années.

3. Troisième possibilité : la création d'un gouvernement économique mondial, qui serait l'organe décisionnel suprême et qui ramènerait les pays au statut de provinces, sur le plan fiscal. Cette possibilité est difficilement réalisable, voire utopique, parce qu'elle présuppose que presque tous les pays du monde renoncent à leur souveraineté fiscale. Un nouvel ordre fiscal mondial fixerait les impôts et les taxes nationales et internationales ainsi que les tarifs douaniers, en ne laissant aux États que le pouvoir d'établir certaines taxes locales, un pouvoir apparenté à celui dont jouissent les municipalités présentement.

Bien que ces solutions paraissent utopiques, la crise économique a ramené l'idée de gouvernance mondiale au cœur des débats politiques. Elle a aussi démontré la nécessité d'en arriver à une coopération fiscale mondiale.

Le sommet de Pittsburgh, en septembre 2009, a institutionnalisé le G20, dont les États membres contribuent pour environ 90 % au PIB de la planète. Cette nouvelle instance, se réunissant deux fois par an, témoigne de ce que la concertation économique mondiale apparaît désormais comme une nécessité. Il ne faut toutefois pas surestimer ce que le G20 pourra faire à l'égard d'États (en particulier les pays émergents) qui tiennent farouchement au bon vieux principe de la souveraineté nationale. Il n'existe pas aujourd'hui d'instance supranationale capable d'exercer un pouvoir de coercition à l'échelle mondiale ou même régionale. L'Union européenne constitue le seul exemple, embryonnaire, d'une telle instance, bien qu'elle soit soumise, elle aussi, aux limites de la souveraineté des États.

Certainement, la mise en place d'un gouvernement mondial est peu probable à court, moyen ou même long terme. En revanche, il faut espérer une meilleure coordination mondiale entre États et, dans la foulée, une certaine coopération fiscale.

*
*   *

Après avoir pesé le pour et le contre, une compréhension de la réalité des entreprises à l'ère de la mondialisation permet de conclure
que l'impôt sur les sociétés est essentiel au système fiscal du
XXIe siècle. Les actionnaires se laisseront peut-être charmer par la
rhétorique des fervents de la défiscalisation des compagnies, mais
on ne peut ignorer les failles d'un tel raisonnement que temporairement. La défiscalisation des compagnies ne serait pas injuste, elle
serait nuisible pour tous les groupes concernés : actionnaires, employés, consommateurs.

CHAPITRE III

Les paradis, c'est l'enfer!

Le temps où les paradis fiscaux étaient des îles exotiques où quelques gangsters et dictateurs corrompus cachaient leurs fortunes est bien révolu. Les paradis fiscaux sont devenus les sanctuaires de plusieurs multinationales, de leurs filiales ou de leur société mère, et figurent à l'arrière-plan de la plupart des crises et scandales financiers des vingt dernières années.

À titre d'exemple, « Dans l'affaire Madoff, le rôle des fonds offshore est mis en lumière », titrait le *New York Times* du 30 décembre 2008. Il a fallu seulement dix-neuf jours pour faire les liens entre les paradis fiscaux et cette escroquerie de 65 milliards de dollars qui a éclaté au grand jour le 11 décembre 2008.

Depuis la crise financière de 2008, l'attitude du monde politique à l'égard des paradis fiscaux a changé. Les chefs d'État reconnaissent maintenant que les paradis fiscaux mettent en péril les finances publiques et la stabilité politique de leurs pays. Les pays industrialisés suggèrent plusieurs approches et solutions pour régler le problème. De plus, comme on le montre plus loin dans ce chapitre, le G20 fait des progrès. À la veille du sommet de Pittsburgh en 2009, Angel Gurría, le secrétaire général de l'OCDE, a déclaré : « Nous assistons à rien de moins qu'une révolution. En s'attaquant aux défis posés par le côté obscur des systèmes fiscaux, la campagne pour la transparence fiscale internationale est en plein essor. Nous nous sommes dotés des moyens institutionnels de poursuivre cette campagne. Face à la crise, l'opinion publique internationale attend beaucoup et ne tolérera

aucun écart ; nous devons nous montrer à la hauteur de ces attentes[1]. »

Les intentions existent, la réflexion évolue, mais, fondamentalement, le problème n'est toujours pas réglé. Pendant ce temps, des
milliards s'accumulent à l'abri de l'impôt dans les paradis fiscaux et
la classe moyenne continue de renflouer les caisses de l'État, appau-
vries par ce manque à gagner.

Nous donnerons d'abord des définitions importantes, puis nous
dresserons la liste des paradis fiscaux et nous présenterons les principales menaces qu'ils font peser sur l'économie mondiale.

Il existe principalement quatre types de zones « paradisiaques » :

1) Les paradis fiscaux : il n'existe pas de consensus sur leur
définition. Ce sont généralement des États qui possèdent
les trois caractéristiques suivantes : un régime fiscal qui
permet aux non-résidents d'échapper aux obligations fiscales d'autres États ; un secret bancaire qui permet à l'usager
des structures relevant du droit local de le faire dans un
anonymat total ou partiel ; et une grande facilité et un faible
coût d'accès pour l'immatriculation des sociétés.

2) Les zones offshore : ce sont des États qui hébergent
des banques, compagnies d'assurances et gestionnaires
de fonds, mais qui ne disposent pas d'une véritable régulation des sociétés financières. Ces entreprises peuvent
ainsi éviter plusieurs contraintes en ne disposant que
d'une adresse dans ces États.

3) Les paradis bancaires : ce sont des États caractérisés par
un fort secret bancaire (ou financier).

4) Les paradis judiciaires : ce sont des États qui échappent
aux lois, notamment pénales, communément adoptées par
les autres États, et qui refusent tout échange d'information
avec ces derniers.

Au sens strict, un paradis fiscal est différent des trois autres
formes de zones. Dans la réalité, on confond souvent toutes ces formes. Il n'est pas rare que les zones offshore soient considérées comme
des paradis fiscaux. Un pays peut même être multiparadisiaque,
c'est-à-dire offrir plusieurs types de paradis.

L'OCDE se base sur trois critères pour déterminer si un État est un paradis fiscal : 1) l'absence ou la quasi absence d'impôt ; 2) l'absence de transparence du régime fiscal ; 3) le refus d'échanger des renseignements financiers ou fiscaux avec d'autres États.

Pour déterminer si un État constitue ou non un paradis fiscal, le premier critère à considérer est s'il y a absence ou quasi absence d'impôt. Si c'est le cas, les deux autres critères doivent absolument être pris en considération. Pour l'OCDE, l'absence ou la quasi absence d'impôt n'est pas un élément suffisant.

En ne tenant compte que des deux premiers critères, des États dont les régimes d'imposition offrent des zones franches ou des avantages fiscaux très généreux pour certaines régions ou secteurs d'activité pourraient à tort être considérés comme des paradis fiscaux. L'OCDE a donc ajouté un troisième critère : le refus d'échanger des renseignements financiers ou fiscaux avec d'autres États.

Selon une étude publiée en décembre 2006 par le U.S. National Bureau of Economic Research, le plus important organisme de recherche économique des États-Unis et qui compte 16 Prix Nobel d'économie parmi ses membres associés, environ 15 % des pays dans le monde sont des paradis fiscaux. Il semble que la plupart de ces pays soient financièrement à l'aise et qu'ils aient un territoire relativement petit[2].

Ronen Palan, professeur de politiques économiques internationales à l'Université de Birmingham, sépare les paradis fiscaux entre deux pôles géopolitiques. Le premier groupe gravite autour du centre financier de Londres. Il inclut principalement des dépendances de la Couronne britannique telles que les îles Anglo-Normandes de Jersey et Guernesey, l'île de Man, les îles Caïmans, les Bermudes, les îles Vierges britanniques, Turks et Caicos et Gibraltar ; ainsi que des colonies de l'Empire britannique devenues indépendantes, telles que Hong-Kong, Singapour, Malte, les Bahamas, le Bahreïn et Dubai. L'autre groupe s'est développé autour des activités économiques du reste de l'Europe et comprend les pays du Benelux (Belgique, Pays-Bas et Luxembourg) ainsi que l'Irlande et, bien sûr, la Suisse et le Liechtenstein. Deux autres paradis fiscaux, le Panama, et dans une faible mesure, l'Uruguay, évoluent indépendamment de ces pôles.

Selon Tax Analysts, les sommes détenues par les fonds de couverture (*hedge funds*) domiciliés dans les îles Caïmans, les îles Vierges britanniques, les Bahamas et les Bermudes (les *Big Four*) totalisaient 262,8 milliards de dollars en 2006[3]. Dans le document

« HFR Industry Report – Year End 2006 » publié par Hedge Fund Research Inc., on lit que les *Big Four* détiennent ensemble 52 % des fonds spéculatifs mondiaux[4].

Notons encore que, bien que le Canada n'apparaisse pas sur cette liste des paradis fiscaux, il est pertinent de rappeler que le gouvernement fédéral a prévu d'importantes réductions d'impôt en faveur des multinationales. En 2012, les multinationales canadiennes seront imposées selon un taux d'imposition légal de 15 % au fédéral (pour un total d'environ 25 % en y ajoutant l'impôt des provinces) et de 35 % aux États-Unis (auquel il faut ajouter l'impôt des sociétés applicable dans certains États).

Le 29 juin 2009, Tim Hortons a certainement surpris les Canadiens et les Américains lorsqu'il a annoncé qu'il déménageait, pour des raisons fiscales, sa principale place d'affaires du Delaware au Canada. Le Delaware est pourtant reconnu comme le paradis fiscal des États-Unis.

Entorse à la stabilité financière et politique des pays

Les paradis fiscaux causent trois problèmes principaux :

1) la dégradation des finances publiques, causée par la fuite des capitaux qu'ils favorisent et leur concurrence fiscale (ce qui entraîne encore la baisse des taux d'imposition dans les pays industrialisés pour tenter d'éviter ces fuites) ;

2) l'opacité et l'instabilité financières : les pertes peuvent facilement être masquées, ce qui empêche le contrôle du régulateur, des actionnaires et des agences de notation et amène les grands acteurs financiers à prendre des risques inconsidérés ;

3) l'injustice : ce sont les entreprises et les contribuables les plus mobiles, généralement les plus riches, qui peuvent profiter des économies d'impôt que permettent les paradis fiscaux.

Chaque problème pris isolément est suffisamment grave pour mettre en péril la stabilité financière et politique des pays. Réunis, ils font craindre l'émergence de crises fiscales.

La dégradation des finances publiques

Compte tenu de leur nature fragmentée et de leur opacité, il est difficile de mesurer précisément l'importance économique des paradis fiscaux.

Selon une étude publiée en décembre 2008 par le United States Government Accountability Office, 83 des 100 plus importantes entreprises américaines avaient des filiales dans des paradis fiscaux[5]. Le magazine *Alternatives économiques* affirme qu'« avec pratiquement 1500 filiales offshore, réparties sur près d'une trentaine de territoires, des Bermudes à la Suisse en passant par Malte et Panama et le Royaume-Uni, toutes les entreprises françaises du CAC 40 [le principal indice boursier de la place de Paris] sont présentes dans les pays offrant des services financiers de type paradis fiscaux[6] ».

Une étude publiée en mars 2010 par la Global Financial Integrity, organisation internationale au centre de la politique internationale basée à Washington, évalue que les sommes totales déposées par des non-résidents dans les centres financiers offshore et les paradis fiscaux sont d'environ 10 000 milliards de dollars US (pour un PIB mondial de 71 000 milliards). On y précise également que le taux de croissance de ces dépôts atteint une moyenne de 9 % par an, une hausse plus importante que celle de la richesse mondiale dans la dernière décennie[7].

Le Tax Analysts, une organisation américaine spécialisée en politiques fiscales, a publié le rapport *Offshore Explorations : Jersey* en octobre 2007. Il indique qu'« à la fin de 2006, il y avait 491,6 milliards de dollars d'actifs dans le secteur financier de Jersey, détenus au bénéfice de non-résidents de Jersey qui évitaient ainsi de payer de l'impôt à leur administration nationale. On estime à 293,1 milliards de dollars les actifs placés à Guernesey[8] ». En novembre 2007, cette même organisation a publié un autre rapport faisant état d'investissements totalisant 150 milliards dans l'île de Man. Ensemble, ces trois îles détenaient des actifs totalisant, à elles seules, 935,2 milliards de dollars.

Le 5 janvier 2010, Jean-Pierre Blackburn, ministre du Revenu au Canada (octobre 2008-janvier 2010), a déclaré que les Canadiens ont investi dans les paradis fiscaux des sommes totalisant 146 milliards de dollars CAN en 2009, une augmentation substantielle par rapport aux 88 milliards de dollars investis en 2003[9].

De toute évidence, personne ne connaît exactement l'ampleur des pertes encourues par les États à cause des paradis fiscaux. Il en existe toutefois des estimations crédibles.

Aux États-Unis, un rapport émis le 16 juillet 2008 par un sous-comité du Sénat évaluait que les paradis fiscaux offshore coûtaient environ 100 milliards de dollars annuellement aux Américains[10].

Au mois de mars 2005, le Tax Justice Network, un groupe de pression opposé aux paradis fiscaux, a publié une étude intitulée « The Price of Offshore[11] ». Selon cette étude, la somme des grosses fortunes privées placées dans les paradis fiscaux était d'environ 11 500 milliards de dollars, produisant un rendement annuel d'environ 860 milliards de dollars (à un taux de 7,5 %) et une perte de recettes fiscales de 255 milliards de dollars. Ces chiffres étaient extrêmement conservateurs. Ils ne tenaient pas compte des pertes d'impôt résultant de la concurrence fiscale entre les États, des abus résultant des coûts peu élevés de transfert et des avoirs des individus inférieurs à un million de dollars. Les taux de rendement sont probablement inférieurs à 7,5 % en 2010, mais le marché des capitaux à l'international a pris beaucoup d'importance depuis.

Le manque à gagner en revenu fiscal des pays en développement est quant à lui évalué à environ 120 milliards d'euros.

D'après une analyse de James Henry (ancien économiste en chef de la compagnie McKinsey) pour Oxfam en mars 2009[12], il appert qu'au moins 6,2 billions de dollars en provenance des pays en voie de développement seraient détenus par des individus dans des comptes offshore, privant ainsi ces pays de recettes fiscales de 64 à 124 milliards. Le total des pertes pourrait donc bien dépasser les 103 milliards de dollars que ces pays reçoivent annuellement sous forme d'aide au développement. Et si les sommes détenues par des sociétés privées dans des comptes offshore étaient prises en compte, ce manque à gagner serait beaucoup plus élevé. James Henry indique également que cette fuite de capitaux des pays en voie de développement est un problème en croissance. En effet, de 200 à 300 milliards supplémentaires y sont déplacés vers des comptes offshore chaque année.

L'opacité et l'instabilité financières

L'opacité des paradis fiscaux empêche les autorités fiscales, judiciaires ou financières d'autres pays de s'assurer du respect des lois et des règlements. Par exemple, les multinationales parviennent à placer hors du réseau d'informations leurs actifs risqués ou à masquer l'origine de fonds. Les paradis fiscaux et bancaires constituent de véritables trous noirs, bien précieux pour les organisations criminelles transnationales.

Cette opacité génère aussi des erreurs importantes dans les statistiques commerciales et les résultats financiers, ce qui prive l'État et les investisseurs de l'information dont ils ont besoin pour prendre les bonnes décisions et évaluer les risques.

Les paradis fiscaux entraînent une déconnexion entre l'économie réelle et l'« économie comptable » des pays, qui s'accompagne de bizarreries statistiques. Il arrive parfois que la richesse qui se crée dans un pays soit comptabilisée dans un autre. Par exemple, si l'on se fie aux informations publiques, le premier importateur de bananes de l'Union européenne est la petite île de Jersey, au large de Saint-Malo, mais, dans la réalité, le port de Jersey n'a jamais vu de conteneurs de bananes !

Le taux de rendement des projets réalisés par l'entremise des paradis fiscaux est artificiellement gonflé, ce qui crée un écart important avec les projets qui entrent dans le collimateur du fisc. L'opacité permise par les paradis fiscaux augmente cette distorsion dans le marché des capitaux. Au bout du compte, des milliards de dollars sont investis dans des projets à risque élevé et fictivement avantageux. Cette situation peut avoir un effet amplificateur et un effet domino au moment des crises financières.

Ironiquement, c'est avec la crise financière de 2007-2010 que les chefs d'État ont finalement admis le rôle néfaste des paradis fiscaux dans l'équilibre financier mondial, un rôle qui avait été sous-estimé jusqu'alors. Le G20 exerce maintenant une réelle pression sur ces territoires et mène des actions concrètes pour réduire les torts que les paradis fiscaux causent aux autres pays.

Plusieurs cas prouvent la présence des paradis fiscaux à l'arrière-plan de la récente crise financière. Par exemple, la banque britannique Northern Rock imputait son endettement à court terme à Granite, une filiale installée à Jersey[13]. Les paradis fiscaux sont aussi intervenus dans la faillite de Bear Stearns en mars 2008. Cette banque américaine de premier plan faisait transiter des milliards de dollars par ses fonds spéculatifs principalement immatriculés dans les îles Caïmans et le centre de la finance internationale de Dublin.

Un documentaire préparé en 2009 par McClatchy News montre comment la banque d'investissement Goldman Sachs a utilisé les îles Caïmans pour faire la promotion de 40 milliards de dollars en titres « pourris », alors cotés AAA, auprès de sa clientèle privée et institutionnelle. Goldman Sachs s'est ainsi débarrassée de l'ensemble de ses *subprimes* peu avant l'écroulement de leur valeur en 2007, alors que, durant la même période, cette banque spéculait sur les marchés en jouant ces mêmes titres à la baisse. Goldman Sachs a utilisé ses succursales des îles Caïmans pour faire la promotion de ces titres sans avoir à se conformer aux réglementations américaines qui l'auraient contrainte à mettre en garde ses clients, en accord d'ailleurs avec ses propres prises de position[14].

Les paradis fiscaux apparaissent en toile de fond de quasiment toutes les crises financières, des mégafraudes et des scandales d'affaires des vingt dernières années : la crise en Asie du Sud-Est (1997), la crise en Russie (1998), les faillites du courtier en énergie Enron (2001), des services financiers Refco (2003) et du géant agroalimentaire Parmalat (2003).

L'injustice

Les paradis fiscaux favorisent trois formes principales d'injustice :

1) Ils créent un régime fiscal international à deux vitesses : un pour tout le monde et un autre pour les nantis. Les paradis fiscaux sont utilisés par les riches et les puissants pour profiter des biens collectifs sans en payer le prix. Ils contribuent à façonner un type particulier de mondialisation, où s'accroît l'écart entre les très riches et tous les autres.

Le rapport *Unfair Advantage : The Business Case Against Overseas Tax Havens*[15], publié en juillet 2010 par la coalition américaine Business and Investors Against Tax Haven Abuse, démontre que « les paradis fiscaux changent les règles du jeu : les petites et moyennes entreprises qui paient leurs taxes sont mises en concurrence avec celles qui font de l'évasion fiscale[16] ». L'exemple suivant illustre leur propos : « Wainwright Bank, un organisme prêteur impliqué dans sa communauté à Boston, a payé de l'impôt fédéral de 11,8 % sur ses revenus de 2009. Il devait faire concurrence à Bank of America, qui n'a payé aucun impôt fédéral en 2009, en partie grâce à ses opérations dans les paradis fiscaux[17]. »

2) Les paradis fiscaux facilitent l'abus par les multinationales des richesses naturelles des pays non développés ou en voie de développement. Les bananes de Jersey en sont un exemple. Ces bananes qui transitent virtuellement à Jersey génèrent des profits qui ne sont pas imposés et qui s'accumulent dans les comptes des multinationales. Ces profits devraient, du moins en partie, revenir aux pays du Sud. Principales victimes de ces stratagèmes, ceux-ci voient ainsi disparaître leur pain et leur beurre vers les paradis fiscaux ! Angel Gurría, secrétaire général de l'OCDE, expliquait à cet égard le 27 novembre 2008 dans *The Guardian* que « ce que les pays en voie de développement perdent dans les paradis fiscaux représente trois fois le montant de l'aide qu'ils reçoivent des pays développés[18] ».

Les pays de l'Afrique sont non seulement ébranlés par la crise financière dont ils ne sont aucunement responsables, ils doivent en outre accepter que les pays industrialisés ne versent pas les sommes promises dans le cadre des Objectifs du millénaire pour le développement.

3) Face à l'impossibilité de traquer les contribuables frauduleux installés dans les paradis fiscaux, les autorités fiscales et les citoyens posent des gestes extrêmes dont la justice et l'éthique peuvent être remises en cause. Les affaires « HSBC-2010 » et « Liechtenstein-2008 » en sont des exemples flagrants.

L'affaire HSBC-2010 a suscité des interrogations quant à la légalité des moyens auxquels a eu recours le gouvernement français. Le 22 décembre 2008, Hervé Falciani, un ex-cadre de la banque HSBC à Genève est arrêté par la police suisse qui le soupçonne d'introduction frauduleuse dans un système informatique. Il s'est ensuite réfugié en France et a aidé la justice à décrypter les données dérobées[19]. Le 5 juin 2009, la France a ouvert une enquête pour blanchiment et a utilisé les informations ainsi obtenues pour identifier de présumés fraudeurs. La France a ensuite partagé ses informations avec d'autres pays, dont le Canada[20].

En réponse à la polémique que l'affaire a soulevée, Nicolas Sarkozy a déclaré : « La lutte contre la fraude fiscale est normale et morale. C'est à la justice de dire ce qui s'est passé. Mais qu'auriez-vous pensé si le ministère du Budget avait écarté ces données lorsqu'il les a reçues ? Aurions-nous été félicités pour avoir respecté les lois françaises ? Je soutiens ce ministère dans son action contre la fraude[21]. »

Le scandale Liechtenstein-2008 impliquait des contribuables de plusieurs pays, dont l'Allemagne, la France, l'Australie, les États-Unis et le Canada, qui avaient transféré des fonds dans des fiducies du Liechtenstein, avec la complicité de banques comme la LGT Bank, qui appartient à la famille régnante.

En février 2008, Heinrich Kieber, un technicien en informatique, a vendu au gouvernement allemand pour 4,2 millions d'euros des informations fiscales et financières incriminant 4500 contribuables. Des transactions parallèles auraient aussi été conclues entre Kieber et d'autres pays dont l'Angleterre, les États-Unis et possiblement le Canada[22].

On a critiqué le gouvernement allemand pour avoir travaillé avec des informations secrètes volées par un informateur[23]. Deux avocats ont intenté à Berlin des procès contre le gouvernement fédéral pour « infidélité envers les contribuables » et « espionnage de données ». On a soulevé des questions quant à la légalité et à l'éthique du geste du gouvernement allemand de payer un pot-de-vin à un officier de banque d'un pays étranger.

Au Canada, Jean-Pierre Blackburn, ministre du Revenu, a déclaré le 14 décembre 2008 avoir en main une liste de 108 contribuables canadiens ayant participé à des stratagèmes fiscaux au Liechtenstein, par l'entremise de la Banque Royale du Canada. Bien que les sommes aient principalement transité par le biais d'une filiale de la RBC en Colombie-Britannique, David Agnew, directeur national de RBC Dominion Securities Inc., a déclaré que la firme n'avait jamais encouragé les Canadiens à participer à des stratagèmes au Liechtenstein.

Planifications fiscales paradisiaques

La coordination internationale entre les agences de revenu dépend d'un modèle basé sur des conventions fiscales interétatiques mises en place il y a plus de cinquante ans, à une époque où les paradis fiscaux ne menaçaient aucunement les finances publiques des pays hautement fiscalisés. Selon la convention modèle de l'OCDE, qui a inspiré les conventions fiscales dans lesquelles le Canada et la plupart des pays se sont engagés, la double imposition d'un même revenu est évitée en s'appuyant sur deux principes d'imposition fondamentaux : la résidence fiscale et la source du revenu. Des exceptions existent pour à peu près tous les types de revenus, mais, généralement, les pays s'entendent pour que les revenus soient d'abord imposés dans le pays à la source du revenu. Le principe de la résidence fiscale du contribuable, qui est le principe décisif de l'imposition au Canada et généralement ailleurs dans le monde, fait qu'on impose les revenus après qu'ils ont été imposés dans le pays où le revenu prend sa source.

En pratique, ce modèle d'imposition est devenu trop facilement manipulable par les multinationales et les riches particuliers. Avec l'aide des nouveaux moyens de communication et la mobilité des capitaux, les contribuables établis dans les pays hautement fiscalisés peuvent aisément établir ou feindre d'établir leur résidence fiscale ou la source de leurs revenus dans les paradis fiscaux. Voici les quatre principaux moyens qu'ils utilisent pour y parvenir :

1) L'exil fiscal. Un contribuable quitte ou feint de quitter sa résidence fiscale dans un pays hautement fiscalisé pour s'établir dans un paradis fiscal.

2) La détention d'actifs. Une fiducie ou une société est constituée dans un paradis fiscal afin de détenir des actifs (généralement des portefeuilles de valeurs mobilières ou des actifs immobiliers) et est normalement administrée par un résident d'un autre paradis fiscal. Ce stratagème fait en sorte essentiellement que les propriétaires nominaux de ces actifs ne sont plus résidents d'un pays hautement fiscalisé et permet ainsi d'échapper au fardeau fiscal qui serait applicable au propriétaire réel.

Cette méthode est fort populaire. En Irlande et en Suisse par exemple, le montant total des actifs des différentes filiales par rapport au nombre de leurs employés est d'environ 4,5 millions de dollars par employé. Si l'on considère la Barbade, c'est 22 millions, et plus de 45 millions pour les Bermudes[24]!

L'un des principaux outils pour détenir des actifs dans un paradis fiscal est l'utilisation d'« International Business Corporations » (IBC) ou sociétés commerciales internationales. Ce sont des sociétés qui garantissent l'anonymat au propriétaire, qui n'exigent aucune obligation de comptabilité et qui comportent un droit d'enregistrement d'environ 500 dollars. Il existe 500 000 IBC à Hong-Kong, et plus de 60 000 aux îles Caïmans[25].

3) L'exportation d'activités commerciales. Plusieurs entreprises (ou portions d'entreprises) qui ne nécessitent pas un emplacement géographique spécifique ou une main-d'œuvre qualifiée s'établissent dans les paradis fiscaux. Les exemples les plus fréquents sont les sociétés d'assurance et de réassurance (ou d'assurance secondaire) qui ont établi leur siège social aux Bermudes, les sociétés financières, les entreprises de services sur l'internet et les sociétés pétrolières. Deepwater Horizon, par exemple, la plateforme pétrolière qui a explosé dans le golfe du Mexique le 20 avril 2010, était enregistrée dans un paradis fiscal. Deepwater Horizon était louée par la pétrolière BP mais demeurait la propriété de la société de forage Transocean. En 1999, Transocean a déménagé son lieu d'enregistrement des États-Unis aux îles Caïmans et, en 2008, des îles Caïmans en Suisse. Transocean a justifié sa décision par la nécessité « d'améliorer [sa] capacité à demeurer concurrentielle sur le plan fiscal à l'échelle mondiale[26] ». Ainsi, les revenus de 4,4 milliards de dollars réalisés par Transocean en 2009 ont profité des avantages fiscaux qu'offre la Suisse.

L'importance croissante des actifs immatériels au sein des entreprises facilite le recours à ces stratagèmes. Selon une étude publiée en mars 2007 par le cabinet d'experts-conseils Ernst & Young, les actifs immatériels représentaient plus de 60% de leur valeur pour les 100 premiers groupes européens[27]. Et il est relativement facile de justifier la localisation des brevets, des *copyrights*, du droit d'utiliser certains logos, etc., dans des paradis fiscaux. Dans ces cas, pour exporter des revenus dans les paradis fiscaux, il suffit de démontrer que c'est la société offshore qui détient légalement le droit d'exploiter ces actifs immatériels.

Ainsi a-t-on vu Microsoft, des laboratoires pharmaceutiques Pfizer et Bristol-Myers Squibb et du géant des télécommunications Vodafone délocaliser leurs actifs immatériels et leurs propriétés intellectuelles à Dublin. Autre exemple, dans un article publié par Bloomberg en octobre 2010 et que rapporte Le MagIT[28], on révèle que Google Inc., la maison mère de Google, aurait réduit son niveau d'imposition de près de 3,1 milliards de dollars depuis 2007 et qu'elle aurait réduit son taux d'imposition à l'international à un taux record de 2,4 %. Cette optimisation fiscale aurait été rendue possible par une technique communément nommée le «double irlandais» (*Double Irish*). Il appert que cette technique légale pourrait être utilisée par plusieurs grandes sociétés du secteur des technologies, telles que Microsoft, Apple ou encore IBM.

La technique s'appuierait sur un accord intervenu entre Google et le fisc américain concernant les prix de transfert de sa propriété intellectuelle. Elle permettrait à Google Inc. de bénéficier d'un taux de taxe minimum à condition que ces bénéfices ne soient pas rapatriés aux US. Le MagIT décrit la technique comme suit :

Google Inc. licencie les droits sur ses technologies et sur ses produits pour la zone Europe, Moyen-Orient et Afrique à Google Ireland Holdings, une coquille vide basée aux Bermudes (comme son nom ne l'indique pas). Ce même Google Ireland Holdings facture ses prestations à Google Ireland Limited, basé à Dublin, qui est en charge de vendre les services de Google en Europe.

L'astuce est double : d'une part les revenus de Google sont encaissés en Irlande et non aux États-Unis, ce qui permet d'éviter les taxes US. Mais en plus, Google Ireland Limited accumule les charges du fait des redevances qu'elle doit payer à Google Ireland Holdings, ce qui réduit son taux d'imposition local. Reste que ce portrait ne serait pas complet sans un détour par la Hollande (l'autre pays du fromage de Google). Avant de quitter l'UE, les royalties que versent

Google Ireland Limited à Google Ireland Holdings transitent en effet par une coquille néerlandaise (l'exonération fiscale irlandaise ne s'appliquant que si les redevances sont payées à une autre structure européenne), avant de repartir à 99,8 % vers le soleil des Bermudes[29].

4) Les intermédiaires financiers. Une portion importante des activités économiques réalisées dans les paradis fiscaux est constituée de services financiers rendus par des fonds mutuels, des fonds de couverture (dits *hedge funds*), des sociétés d'assurance-vie, des fonds de pension. Généralement, les fonds sont déposés auprès d'une organisation établie dans les paradis fiscaux qui agit comme intermédiaire et ils sont ensuite investis, le plus souvent dans la juridiction d'origine hautement fiscalisée. Bien que de tels stratagèmes n'évitent normalement pas l'impôt dans la principale juridiction du contribuable, ils permettent aux fournisseurs de services financiers d'offrir des produits multijuridictionnels sans ajouter une tranche d'imposition supplémentaire.

La nouvelle attitude des puissances occidentales à l'égard de la concurrence fiscale déloyale

On a commencé à s'intéresser aux problèmes que causent les paradis fiscaux vers la fin des années 1990 alors que l'OCDE lançait sa campagne sur la « concurrence fiscale dommageable ». La communauté internationale a alors pu assister à un effort intensif de la part de l'Union européenne pour combattre les paradis fiscaux. Les initiatives se sont multipliées et la crise financière de 2008 a renforcé la pression internationale sur les paradis fiscaux.

Plusieurs analystes sont d'avis que les efforts des différentes organisations (l'OCDE, le Forum de stabilité financière, le GAFI[30]) ont été peu efficaces. Depuis 2008, le G20 semble vouloir faire monter la pression politique sur les paradis fiscaux. Pour ce faire, il s'appuie sur les travaux de l'OCDE et ses différentes listes noires, grises et blanches, où l'on épingle les paradis fiscaux non coopératifs. Cela pourrait toutefois ne pas suffire à stopper le fléau financier qu'ils représentent pour les marchés et les finances publiques des pays.

Certains paradis fiscaux s'étaient engagés à lever le secret bancaire pour donner des informations aux autorités concernées en cas de preuve évidente de fraude fiscale, de blanchiment d'argent ou de délit d'initié. Cette acceptation demeurait toutefois théorique parce qu'en pratique, peu de paradis fiscaux respectaient leur engagement. Depuis le G20 d'avril 2009 à Londres, le monde a changé ou, du moins, manifeste l'intention de changer.

La transparence fiscale a été un sujet crucial des discussions des sommets du G20 de Washington (novembre 2008), de Londres (avril 2009) et de Pittsburgh (septembre 2009). À Londres, les représentants du G20 ont déclaré : « Nous convenons [...] de prendre des mesures à l'encontre des juridictions non coopératives, y compris les paradis fiscaux. Nous sommes prêts à appliquer des sanctions pour protéger nos finances publiques et les systèmes financiers. L'ère du secret bancaire est révolue. Nous notons que l'OCDE a rendu publique aujourd'hui une liste de pays évalués par le Forum mondial en fonction de la norme internationale applicable aux échanges d'informations fiscales. » À Pittsburgh, les représentants du G20 ont souligné la nécessité d'avancer rapidement, et ont affirmé : « Nous sommes prêts à recourir à des contre-mesures[31] » à l'encontre des pays qui n'adoptent pas les normes élaborées par l'OCDE et le Forum mondial. Toutefois, à Séoul (novembre 2010), le principal sujet de discussion a concerné la « guerre des devises », et la question des paradis fiscaux n'était plus prioritaire.

Les efforts de l'OCDE

Dans un document publié par l'OCDE en septembre 2010, on peut lire :

> Les normes de transparence et d'échange de renseignements qui ont été élaborées par l'OCDE sont pour l'essentiel énoncées à l'article 26 du *Modèle de convention fiscale de l'OCDE* et dans le *Modèle d'accord sur l'échange de renseignements en matière fiscale* de 2002. Ces normes ont été adoptées par les ministres des Finances des pays du G20 lors d'une réunion tenue à Berlin (Allemagne) en 2004, à Xianghe (Chine) en 2005 et par le Comité d'experts de la coopération internationale en matière fiscale des Nations unies en octobre 2008. Elles ont servi de modèle pour l'élaboration

de la grande majorité des 3600 conventions fiscales bilaté-
rales conclues par des pays membres et non membres de
l'OCDE et constituent la norme internationale en matière
de coopération fiscale.

[Ces] normes exigent : l'échange, sur demande, de renseignements « vraisemblablement pertinents » pour l'administration ou l'application de la législation interne du cosignataire ;
l'absence de restrictions à l'échange de renseignements mo-
tivées par le secret bancaire ou par des exigences tenant à
l'intérêt fiscal national ; la possibilité d'accéder à des renseignements fiables et l'utilisation des pouvoirs permettant
de les obtenir ; le respect des droits des contribuables ; le
strict respect de la confidentialité des renseignements
échangés[32].

En 2009, la norme internationale en matière de transparence et
d'échange de renseignements a été universellement approuvée, annonce l'OCDE, puisque les pays qui avaient des réserves à son endroit ou refusaient de l'adopter (parmi les pays membres de l'OCDE,
l'Autriche, la Belgique, le Luxembourg et la Suisse ; parmi les paradis fiscaux, Andorre, le Liechtenstein et Monaco ; parmi les pays
membres du Forum mondial, le Costa Rica, la Malaisie, les Philippi-
nes et l'Uruguay ; et parmi les autres pays non membres de l'OCDE,
le Brésil, le Chili et la Thaïlande, notamment) s'y sont ralliés[33].

La norme semble être effectivement mise en application puisque depuis 2009, près de 500 accords ont été signés par des pays
concernant l'échange de renseignements.

Selon cette norme, les pays sont tenus de conclure des accords
internationaux de façon à s'assister mutuellement dans toutes les
affaires fiscales le nécessitant. En avril 2009, l'OCDE avait listé les
pays qui n'étaient pas en mesure de respecter la norme et depuis
cette date, plus de 20 pays et territoires ont disparu de cette catégorie, ce qui impliquait pour eux de signer au moins 12 accords. Pour
contourner cette règle, il faut noter que certains paradis fiscaux
(comme Monaco) ont conclu des accords avec d'autres paradis fiscaux.

Des démarches concrètes sont entreprises pour s'assurer que
ces accords entrent en vigueur et soient effectivement appliqués. À
cet effet, le Forum mondial sur la transparence et l'échange de renseignements à des fins fiscales[34] a été restructuré, renforcé et sera

chargé de vérifier que les paradis fiscaux tiennent bien leurs pro-
messes. Le Forum regroupe 94 pays membres, y compris les paradis
fiscaux. Il doit soumettre à des examens par les pairs tous ses membres ainsi que les autres pays ou territoires requérant une attention
particulière. Les premiers examens par les pairs ont été lancés le
1er mars 2010. Ils couvrent un premier groupe de 18 juridictions :
Allemagne, Australie, Barbade, Bermudes, Botswana, Canada, îles
Caïmans, Danemark, Inde, Irlande, Jamaïque, Jersey, Maurice, Monaco, Norvège, Panama, Qatar, Trinidad et Tobago.

Les efforts de l'Union européenne

L'Union européenne s'est affirmée ces dernières années comme le
vrai leader dans la lutte mondiale contre les paradis fiscaux. Depuis
1997, il y existe un *Code de bonne conduite dans le domaine de la
fiscalité des entreprises*. Il n'a pas le statut d'un instrument juridique, mais il fournit une méthode informelle de régulation appré-
ciée par les États membres. En adoptant ce code, les pays s'efforcent
d'éliminer quelques pratiques dommageables en matière de concurrence fiscale et évitent qu'il en apparaisse de nouvelles. En vertu de
ce code de conduite, l'Union européenne exige que les règles fiscales s'appliquent de la même façon à toutes les entreprises présentes
dans un pays, qu'elles soient nationales ou étrangères. Le code s'op-
pose donc aux juridictions qui se sont créé une niche dans l'économie mondiale en distinguant, sur le plan fiscal, les sociétés résiden-
tes de celles qui ne le sont pas.

En fait, n'importe quel État peut servir de paradis fiscal pour les
résidents des autres pays, en mettant l'épargne des non-résidents à
l'abri de l'impôt. Depuis juillet 2005, la directive « épargne » impose
aux gouvernements de l'UE (et aussi de Monaco, de Jersey, de la
Suisse) de fournir aux autres des informations sur les placements
des particuliers non résidents. Toutefois, le Luxembourg, la Belgique et l'Autriche ont acheté le droit de maintenir le secret bancaire
au prix d'une retenue à la source significative sur les intérêts de
l'épargne (35 % à partir de 2011). Toutefois, la directive ne porte pas
sur les personnes morales ou les trusts, ce qui permet par exemple
de créer un trust à Jersey pour la contourner.

Pour éviter que les entreprises fassent systématiquement apparaître leurs profits dans les pays les moins taxés, l'Union européenne
se proposait d'instituer une taxe de base, prélevée au niveau européen,

qui réduirait l'incitation à déplacer les profits. De cette façon, les profits d'un groupe ne seraient taxés qu'une fois dans l'Union européenne, et les recettes fiscales seraient réparties entre les pays selon un critère convenu (par exemple le montant du capital investi ou le chiffre d'affaires), comme cela est le cas aux États-Unis et entre les provinces canadiennes. Une telle directive, si elle avait été mise en place entre 1996 et 2001, aurait permis à l'Allemagne de gagner 6 % de recettes fiscales supplémentaires, tandis que l'Irlande aurait vu les siennes diminuer de 40 % et les Pays-Bas de 65 %. La Commission s'était donné jusqu'en 2008 pour proposer une directive sur la taxation des entreprises[35]. Mais le rejet par l'Irlande du traité de Lisbonne lors du référendum qu'elle a tenu sur la question le 12 juin 2008, rejet dont l'une des causes était la menace qu'il constituait pour le système fiscal irlandais, a retardé le projet[36].

Les efforts des États-Unis et du Canada

Historiquement, les États-Unis n'ont pas été très actifs et efficaces dans la lutte aux paradis fiscaux. Des efforts avaient été amorcés sous Clinton, mais l'une des premières actions du gouvernement Bush a été de les annuler. De son côté, Barack Obama semblait déterminé à régler le problème. En 2005, alors qu'il était sénateur, il a soutenu le projet de loi *Stop tax havens abuses*. À la fin de 2008, il a fait plusieurs déclarations relatives aux paradis fiscaux. Cinq mois après son accession au pouvoir, il a mis un projet de loi substantiel sur la table et il a confirmé sa volonté de sévir à l'encontre des paradis fiscaux dans les réunions du G20.

Dans un discours prononcé le 4 mai 2009, Obama a annoncé les premiers éléments d'une réforme contre l'évasion fiscale et les délocalisations d'emplois[37]. Il a notamment proposé de contraindre les firmes américaines à divulguer les sommes transférées à leurs filiales localisées dans les paradis fiscaux, de soumettre les filiales des banques étrangères aux États-Unis aux mêmes obligations que les banques américaines et d'accroître les obligations d'information pour les investissements à l'étranger des particuliers. Il a également mentionné qu'il voulait engager environ 800 agents du fisc supplémentaires, qui seront chargés d'appliquer l'ensemble des réformes contre l'évasion et la fraude fiscales.

Le plan d'Obama va plus loin qu'un simple resserrement des mesures fiscales, il entend aussi renverser le fardeau de la preuve.

Quand il délocalise ses actifs, un contribuable pourrait être présumé coupable de fraude ou d'évasion fiscale, et obligé de faire la preuve que ses transactions sont légitimes[38]. L'administration a demandé au Congrès d'adopter des lois à cet effet.

Le Congrès américain a voté en mars 2010 une nouvelle loi, passée quasiment inaperçue et pourtant potentiellement très efficace dans la lutte contre la fraude fiscale aux États-Unis. Elle contraint les établissements financiers étrangers qui souhaitent investir sur le territoire américain à révéler aux autorités l'identité de leurs clients quand ceux-ci sont des ressortissants des États-Unis.

Au Canada, le gouvernement de Stephen Harper semble ambivalent face aux paradis fiscaux. D'une part, Jim Flaherty, le ministre des Finances, a déclaré dans le budget de 2007 que son gouvernement allait « sévir contre ceux qui évitent de payer l'impôt des sociétés en intensifiant [sa] lutte contre l'utilisation de paradis fiscaux outre-mer ». D'autre part, dans le budget de 2010-2011, il ouvre le chemin aux contribuables canadiens qui souhaitent contourner l'imposition des profits tirés de la vente d'actions d'entreprises canadiennes.

Il faut savoir en effet que, lorsqu'un non-résident vend des actions de sociétés canadiennes, les conventions fiscales en vigueur prévoient en général que le droit d'imposer le revenu qui en découle appartient au pays où réside le vendeur. Pour les pays avec lesquels le Canada n'a pas signé de convention fiscale, l'article 116 de la Loi de l'impôt sur le revenu prévoit généralement que l'acheteur canadien devait retenir temporairement de 10 à 25 % du prix de vente versé au non-résident.

Le budget de 2010-2011 du gouvernement fédéral élimine cette obligation. Cette retenue d'impôt embêtait les gens d'affaires qui considéraient les délais et la paperasserie qu'elle entraînait comme inutiles et encombrants. Le gouvernement a donc aboli, pour la plupart des secteurs industriels (sauf l'immobilier, le minier et le forestier), de telles retenues sur la vente d'actions canadiennes par des non-résidents. Ainsi, il devient facile pour les contribuables canadiens d'éviter l'impôt sur la vente d'actions canadiennes en les faisant détenir par un intermédiaire résident dans un paradis fiscal.

Pendant ce temps, l'Agence du revenu du Canada se bat devant les tribunaux avec des contribuables canadiens pour tenter de faire respecter cette loi maintenant abolie. Dans une cause impliquant la Barbade, un pays avec lequel le Canada a signé une convention, les

Rémillard ont gagné en Cour fédérale, perdu en Cour d'appel, et la permission d'en appeler devant la Cour suprême a été refusée le 14 mai 2010. La famille Rémillard, propriétaire de la chaîne de télévision V, contestait devant les tribunaux l'obligation de la retenue d'impôt sur le gain de 145 millions de dollars qu'elle a réalisé en vendant RCI Environnement, en arguant que RCI Trust (le vendeur) est situé dans un pays conventionné (la Barbade). Ce gain était normalement imposable à un taux effectif de 24 % pour les Canadiens qui n'ont pas recours aux paradis fiscaux.

Plusieurs juridictions hautement fiscalisées, incluant le Canada, ont mis en place des règles dont l'objectif est de s'attaquer aux avantages dont bénéficient les contribuables qui utilisent les paradis fiscaux. Les principales mesures qui ont été prises sont :

1) des règles gérant les prix de transfert des biens et services transigés entre les paradis fiscaux et les pays hautement fiscalisés ;

2) des restrictions à la déductibilité des dépenses ou l'imposition d'une déduction à la source, lorsque des paiements sont faits à des bénéficiaires résidents des paradis fiscaux ;

3) des règles prévoyant l'imposition des revenus réalisés par une société ou une fiducie établie dans un paradis fiscal et contrôlée par un résident d'un pays hautement fiscalisé ;

4) l'imposition d'un impôt de départ lorsqu'un particulier, une société ou une fiducie cesse de résider au Canada ;

5) la divulgation obligatoire aux autorités des planifications fiscales abusives impliquant notamment des paradis fiscaux.

Pour aller plus loin

Toutes ces avancées ont diminué le niveau de protection dont jouissent la fraude et l'évasion fiscale. Toutefois, le problème reste et les paradis fiscaux ne sont pas réellement remis en cause. Pour aller plus loin, plus rapidement, il faut envisager d'autres mesures que plusieurs pays étudient et que certains proposent déjà.

Présentement, les propositions du G20 visent principalement les particuliers, et ce, même si la présence des multinationales dans les paradis fiscaux est plus importante encore. Pour s'attaquer à ce problème, le G20 doit envisager deux types de solution :

> Le *reporting*, ou communication d'informations, par pays semble la solution la plus efficace. Il s'agit de demander à l'ensemble des multinationales de présenter, pays par pays, les informations suivantes : leurs activités dans ce pays, le montant de leurs actifs, le nombre de personnes employées, les relations entre personnes liées, leurs profits avant impôts et le montant de leurs impôts.
>
> Les normes comptables sont un outil très puissant à cet égard, parce qu'elles ont la capacité de définir des règles identiques pour toutes les firmes multinationales. Le 5 juin 2010, à Busan (Corée du Sud), le G20 Finances a déclaré : « Nous avons exprimé l'importance que nous accordons à la réalisation d'un ensemble unique de normes comptables internationales de haute qualité, et avons exhorté l'International Accounting Standards Board et le Financial Accounting Standards Board à redoubler d'efforts à cette fin[39]. » Puisqu'il y va de l'intérêt des pays développés et des pays en développement, l'idée d'une norme de *reporting* financier universelle devrait être sérieusement envisagée par le G20.
>
> On peut aussi réformer la fiscalité applicable aux multinationales pour instaurer un régime d'imposition centralisé et une charge fiscale unique au niveau mondial. Un régime centralisé d'imposition des multinationales établirait un système fiscal plus juste, simple et efficace, et éliminerait presque instantanément la concurrence déloyale des paradis fiscaux. Toutefois, pour des raisons politiques, cette solution paraît difficile à mettre en place à court terme et elle ne supprimerait pas le problème des paradis bancaires et judiciaires.

En vertu des accords actuels du G20, les pays qui souhaitent recevoir des informations d'un autre pays devront en faire la demande en fournissant le nom d'un contribuable, son adresse, une période donnée et le nom de la banque dont ce contribuable est client.

Ces informations semblent faciles à obtenir et suffisantes pour faire des réclamations au contribuable, mais, dans la réalité, il est très difficile pour les autorités fiscales de connaître à l'avance le nom et l'adresse du contribuable dans les paradis fiscaux et la banque avec laquelle il y fait affaire. En effet, il est peu fréquent qu'un particulier qui met sur pied un stratagème d'évasion fiscale faisant intervenir un paradis fiscal le fasse sous son propre nom. Il fera plutôt appel à des sociétés-écrans et des faux bureaux qui lui servent de boîte aux lettres.

Pour contourner ce problème, plutôt que de tabler sur un échange d'informations effectué à la demande des autorités fiscales des États concernés, comme c'est le cas présentement, le G20 doit considérer la possibilité de procéder à un échange d'informations automatique, qui pourrait se réaliser de plusieurs manières. Ainsi, dès qu'un contribuable ouvrirait un compte de banque dans un paradis fiscal, il devrait en informer les autorités fiscales de son pays d'origine. Puisque cette règle risque d'être peu respectée, ce pourrait être l'inverse. Dès qu'un contribuable ouvrirait un compte dans une institution financière d'un paradis fiscal, cette dernière devrait automatiquement avertir les autorités du pays d'origine, sous peine de fortes sanctions monétaires.

Les pays du G20 pourraient aussi s'assurer de la mise en place dans les paradis fiscaux d'un fichier accessible aux autorités fiscales et judiciaires dans lequel seraient inscrits les propriétés et comptes bancaires de toutes les sociétés, trusts ou fondations.

Les mesures déjà instaurées représentent des efforts importants pour circonscrire et régler les problèmes. Toutefois, au tournant de 2010-2011, on en reste encore à l'étape des discours et des engagements théoriques. Il est important de vérifier comment ce système sera mis en place en pratique, d'évaluer les résultats du mécanisme de revue par les pairs (prévu pour janvier 2011), de prévoir une période d'ajustement, et surtout de lourdes sanctions véritables à l'égard des paradis fiscaux non respectueux des engagements qu'ils ont pris, à l'égard des fraudeurs et des auteurs de délits ou crimes financiers ainsi que des cabinets de vérification, des banquiers et des fiscalistes qui jouent un rôle d'intermédiaire dans ce type de transactions. La suppression des licences bancaires et des permis d'exercer aux professionnels non coopératifs devrait être envisagée.

On vient de le voir, les paradis fiscaux sont un problème mondial pouvant entraîner plusieurs conséquences dramatiques dont des crises financières. Fort heureusement, les pays très fiscalisés comprennent les enjeux et se disent prêts à mettre fin à la concurrence déloyale causée par les paradis fiscaux. Reste à espérer que leurs bonnes intentions se matérialiseront. Il faudra attendre quelques années avant de pouvoir commencer à juger des résultats du mécanisme de revue par les pairs, dont l'objectif est de contrôler la mise en œuvre des engagements pris contre l'évasion fiscale et les centres offshore.

En terminant, il y a lieu à ce sujet de se demander si les pays hautement fiscalisés adopteront la même ligne de conduite à l'égard des petits paradis fiscaux qui se trouvent sous leur juridiction. Il suffit de penser à Andorre et Monaco pour la France, au Delaware pour les États-Unis, à Macao pour la Chine... Considéreront-ils que les inconvénients l'emportent sur les bénéfices ?

CHAPITRE IV

Shopping sans frontières

Les régimes d'imposition datent d'une époque où le commerce électronique n'était pas une réalité. Les principes traditionnels d'imposition ont été établis en fonction d'un monde physique, de biens tangibles, d'un lieu d'activité défini et de travailleurs qui s'y rattachent. Dans le monde virtuel où les biens deviennent intangibles, où consommateurs et commerçants se rencontrent seulement dans le cyberespace, ces principes ont perdu leur assise[1].

Le commerce électronique ne cesse de prendre de l'importance et entraîne pour le fisc des problèmes inédits, à savoir des problèmes administratifs et l'inadaptation des conventions fiscales internationales et des règles de détermination des impôts et des taxes. Chacun de ces problèmes a des conséquences pour les finances publiques. Tous ensemble, ils font craindre l'avènement d'une crise fiscale.

L'importance grandissante du commerce électronique

Selon une étude publiée en 2010 par la Commission européenne, il existe en Europe plus de 250 millions d'utilisateurs quotidiens de l'internet[2]. Pour ce qui est du Canada, plus de 80 % de la population surfe sur le web, un taux de pénétration élevé qui place le pays en 12e position dans la liste des pays dont la population utilise le plus l'internet[3]. Le potentiel de développement du commerce électronique est donc énorme.

C'est au début des années 1990 que l'internet s'est transformé, pour la première fois, en comptoir de vente. Autour de l'an 2000, des milliers d'entreprises d'Europe de l'Ouest et des États-Unis affichaient déjà leurs produits sur le web. En 2010, le commerce électronique n'est plus une pratique avant-gardiste mais bien une nécessité pour les affaires.

Les États-Unis sont reconnus comme les pionniers du commerce électronique et, selon eMarketer, ce secteur ne cesse de croître. En 2009, on évaluait son chiffre d'affaires à 130 milliards de dollars, il devrait atteindre 171,1 milliards en 2011 et 223,9 milliards en 2014. En 2010, 169 millions d'internautes ont fait du shopping sur le net, et plus de 80 % d'entre eux sont passés à l'action. Amazon. com, par exemple, reçoit sur son site 615 millions de visites annuellement[4].

Administration fiscale difficile

Une entreprise est tenue de payer sa juste part d'impôt peu importe si elle opère via le web ou non. Le 30 juillet 2009, Jean-Pierre Blackburn, alors qu'il était ministre du Revenu du Canada, a rappelé que « les contribuables devraient être conscients que les lois fiscales régissant le commerce traditionnel s'appliquent également au commerce électronique, comme les ventes sur eBay[5] ».

De fait, plusieurs entreprises agissent comme si le commerce électronique était un gage d'exonération fiscale. Dans une entrevue accordée à La Presse Affaires le 31 juillet 2009, Jean-Pierre Blackburn ne pouvait pas évaluer les pertes fiscales que le gouvernement canadien encourt dans le cyberespace, mais, disait-il, « on sait que les transactions électroniques des Canadiens s'élèvent à environ 5 milliards US par année, dont plus de 1 milliard sur eBay[6] ». Le problème est majeur et les solutions ne sont pas simples.

À l'égard du commerce traditionnel, les autorités fiscales ont à leur disposition plusieurs outils pour intervenir auprès des contrevenants. La situation se complexifie toutefois avec le commerce électronique. Il n'existe pas encore de moyens suffisamment efficaces de retracer les contribuables et les opérations imposables conclues via l'internet, sans compter que les contribuables peuvent avoir plusieurs adresses de courriel et agir sous de fausses identités. Le problème est encore plus grave; Mukesh Ayra, spécialiste des questions d'audit dans le monde virtuel, craint même que les multinationales n'élaborent des stratégies d'évasion fiscale en attribuant un faux lieu d'origine à leurs transactions[7]. Les autorités fiscales doivent, en outre, tenir compte de toutes les questions juridiques relatives à la protection de la vie privée.

L'internet a été mis au point par l'armée américaine durant la guerre froide afin de transmettre l'information de manière sécuritaire en cas d'attaque militaire. La trajectoire imprévisible des technologies de l'information permet maintenant à ses utilisateurs de profiter d'un relatif anonymat dans leurs transactions électroniques, ce qui entraîne des problèmes de traçabilité pour le fisc[8].

À l'ère du commerce électronique, une entreprise peut desservir plusieurs pays sans devoir y établir de comptoirs de vente. Un site web peut être hébergé n'importe où et se déménage sans problème. Les serveurs web se déplacent rapidement d'un pays à l'autre sans avoir à changer de nom de domaine. Les entreprises peuvent associer leur nom de domaine à un serveur qui se trouve n'importe où dans le monde[9].

Le jugement *eBay Canada Ltd.* c. *Ministre du Revenu*[10] illustre les difficultés de traçabilité que peut rencontrer le fisc. En effet, cette saga judiciaire a duré plus de deux ans et a abouti devant la Cour d'appel fédérale[11]. Les faits à la base de cette affaire sont les suivants : l'ARC menait une enquête visant à établir si les Canadiens qui vendaient des biens via le site eBay déclaraient leurs revenus. Elle s'intéressait à ceux qui vendaient pour plus de 1000 $ par mois. L'ARC a d'abord demandé à eBay Canada de lui fournir certains renseignements, tels que les noms, adresses, numéros de téléphone et chiffres de vente de ses usagers. Puis, devant son refus de coopérer, l'ARC a obtenu une ordonnance judiciaire, la forçant à les lui transmettre.

Soi-disant pour protéger la vie privée de ses membres, eBay Canada a demandé à la Cour fédérale d'annuler l'ordonnance. La Cour devait déterminer si la loi pouvait être interprétée de manière que l'on puisse exiger qu'un résident canadien fournisse des renseignements auxquels il a accès à des fins commerciales au Canada, lorsqu'ils sont conservés dans des banques de données appartenant à un tiers à l'extérieur du Canada.

La Cour fédérale a jugé que oui. À son avis, les renseignements se trouvaient au Canada. Le juge a mentionné que, dans le monde d'aujourd'hui, « on ne peut pas vraiment prétendre que ces renseignements "résident" en un seul endroit ou qu'ils "appartiennent" à une seule personne. La réalité est que les renseignements peuvent être obtenus facilement et instantanément par les personnes qui font partie du groupe des entités d'eBay dans divers endroits ».

eBay Canada a porté cette décision en appel. Elle soutenait que l'information électronique était située à l'emplacement du serveur et qu'avant d'être téléchargée ou imprimée, l'information n'était nulle part ailleurs.

Le juge de la Cour d'appel fédérale a affirmé qu'il serait extrêmement formaliste de conclure que les renseignements n'étaient pas situés au Canada avant qu'ils ne soient téléchargés sur un ordinateur situé au Canada[12]. Il était d'opinion que les renseignements étaient situés au Canada, car eBay Canada pouvait y accéder sans difficulté et les utiliser dans le cadre de ses activités commerciales au Canada[13].

Ce jugement est conforme à la tendance judiciaire actuelle d'interpréter très largement l'étendue des pouvoirs du ministre[14]. Au bout du compte, l'information électronique devait être accessible de la même façon que s'il s'agissait d'une information physique conservée dans les bureaux d'eBay au Canada.

Si certains contribuables pensent échapper au fisc en invoquant leur droit à la vie privée, il semble que cet argument ne soit pas non plus infaillible. Dans l'affaire eBay, la Cour a rappelé que, dans un régime fiscal d'autocotisation, les attentes en matière de protection des renseignements personnels sont très faibles en ce qui concerne les registres commerciaux. Une obligation de fournir des renseignements est le moyen le moins préjudiciable que le ministre puisse utiliser pour s'assurer de la conformité des déclarations des contribuables[15].

Pour le PDG de Google, Eric Schmidt, le droit à la vie privée devra être redéfini, car les États n'auront pas le choix de favoriser le bien collectif et l'augmentation des recettes publiques plutôt que le respect de l'anonymat des internautes[16].

De toute façon, en matière de vie privée, les comportements des internautes ne sont pas cohérents : d'un côté, ils déballent leur vie intime sur les réseaux sociaux et, de l'autre, ils réclament le droit de commercer anonymement sur le net.

Si le droit à la vie privée s'assouplit, l'une des solutions à ces problèmes d'administration du fisc pourrait être de retracer les contribuables par leur adresse IP. Après tout, les forces policières utilisent déjà cette méthode pour combattre la pornographie juvénile, par exemple.

Inadaptation des conventions fiscales internationales

Un Canadien peut actuellement accéder à un serveur localisé en Inde pour acheter un bien fabriqué en Chine auprès d'une société basée au Luxembourg, sans que le fisc canadien puisse taxer le montant de cette vente. Amazon et Skype se sont installées au Luxembourg alors que Google et Facebook ont choisi l'Irlande. En 2008, eBay aurait payé seulement 33 euros d'impôt en France alors qu'Amazon n'aurait absolument rien payé[17].

Cet état de fait néfaste pour les recettes publiques des pays hautement fiscalisés montre bien que les conventions fiscales internationales, dont l'OCDE fournit le modèle, sont inadaptées à la réalité du XXIe siècle, car un site web n'est pas considéré comme un établissement stable ; or, en matière de commerce international, la définition d'établissement stable est cruciale pour identifier le pays ayant le droit d'imposer les revenus d'une entreprise. Les conventions fiscales prévoient généralement que c'est le pays où se trouve l'établissement stable qui a le droit d'imposer le revenu attribuable audit établissement. Le droit d'imposer dépend donc d'abord du pays de résidence de la source de revenus plutôt que du pays de résidence du contribuable.

La définition d'établissement stable a été élaborée il y a plus de cent ans : c'est « une installation d'affaires fixe par l'intermédiaire de laquelle une entreprise exerce tout ou partie de son activité[18] ». Cette définition s'accorde difficilement avec la nouvelle réalité où l'internet permet aux entreprises d'avoir une présence commerciale dans des pays où elles ne sont pas présentes physiquement.

Cela dit, même si tous les pays convenaient qu'un site web est un établissement stable, les pertes de recettes publiques ne cesseraient pas pour autant. Les entreprises pourraient éviter d'avoir un établissement stable dans un pays en déplaçant continuellement leur site web d'un serveur à un autre, d'un pays à un autre, ou pourraient établir leur site web sur un serveur dans un paradis fiscal. Si les conventions fiscales ne sont pas modifiées de manière à s'ajuster à cette nouvelle réalité, le cyberespace deviendra le paradis fiscal du commerce de détail et l'équilibre financier de plusieurs pays, dont le Canada, sera ébranlé. Les États hautement fiscalisés subiront des pertes nettes de capitaux. Au bout du compte, cela entraînera des transferts de richesse des pays hautement fiscalisés vers les autres pays.

Face à cette situation complexe, doit-on revoir la définition actuelle d'établissement stable ou doit-on créer des dispositions fiscales particulières pour le commerce électronique? Dans le même ordre d'idée, est-ce que des règles d'imposition établies en fonction de la résidence des contribuables seraient préférables à celles établies selon la source des revenus?

En attendant que le problème soit définitivement réglé, les membres du Comité des affaires fiscales de l'OCDE[19] sont arrivés en 2001 à un consensus quant à l'interprétation de la notion d'établissement stable aux fins du commerce électronique. Les quatre principaux éléments de ce consensus sont les suivants[20]:

1. un site web ne peut en lui-même constituer un établissement stable;

2. en général, un accord prévoyant l'hébergement d'un site web n'aboutit pas à l'existence d'un établissement stable pour l'entreprise qui exerce des activités commerciales par l'intermédiaire de ce site;

3. un fournisseur de services sur l'internet ne constitue pas, sauf dans des circonstances très exceptionnelles, un agent dépendant d'une autre entreprise de manière à constituer un établissement stable de cette entreprise;

4. si un local où se trouvent des équipements informatiques, tel qu'un serveur, peut, dans certaines circonstances, constituer un établissement stable, il faut pour cela que les fonctions exercées dans ce local soient importantes et constituent en outre un élément essentiel de l'activité commerciale de l'entreprise.

Inadaptation des règles de détermination des impôts et des taxes

Que des biens soient vendus et livrés électroniquement ne change rien en principe pour le système fiscal actuel, ils doivent être imposés de la même façon que s'ils avaient été vendus et livrés physiquement par le commerçant. Les achats de musique sur le web sont un exemple qu'on donne fréquemment pour montrer que la réalité est tout autre. Il en va de même pour l'achat de programmes informatiques, de jeux, de livres, de journaux, de magazines, etc.

Le traitement fiscal pour le consommateur comme pour le commerçant sera très différent si le consommateur achète un CD chez un disquaire traditionnel ou sur un site de commerce électronique, ou encore s'il achète un fichier MP3 par téléchargement. Pour un consommateur québécois, c'est seulement lorsque la musique est acquise sur CD ou par téléchargement d'un disquaire établi au Québec (inscrit au régime des taxes de vente) que toutes les taxes sont facturées par le commerçant. Dans les autres cas, la taxe de vente du Québec (TVQ) est rarement payée. Lorsqu'il s'agit de disquaires étrangers, des moyens sont souvent mis en place pour contourner le régime d'imposition canadien et éviter la taxe fédérale sur les produits et services (TPS). Et, *jackpot* ! le consommateur entre dans le paradis fiscal de son ordinateur personnel lorsqu'il choisit le téléchargement de musique auprès d'un site étranger parce qu'il peut ainsi éviter de payer les deux taxes. De même, le vendeur n'est alors pas assujetti à l'impôt canadien.

Au niveau fédéral, les taxes sont en théorie toujours applicables, indépendamment du fait que le bien soit tangible ou intangible ou que le vendeur soit établi ou non au Canada. Lorsque le bien est importé par le consommateur, il est assujetti à la TPS au moment où il franchit les douanes. Toutefois, puisqu'il n'existe pas de douanes dans le monde virtuel, la TPS ne s'applique sur la musique téléchargée de l'étranger que si le consommateur décide d'autocotiser. Au niveau provincial, étant donné que le concept d'importation n'existe pas, lorsqu'une personne reçoit d'un disquaire étranger un bien (CD ou téléchargement) qui n'est pas destiné à servir dans le cadre d'une activité taxable, la TVQ s'applique par autocotisation. Le problème avec l'autocotisation, c'est qu'il s'agit d'une obligation purement théorique, très rarement respectée dans la réalité.

La concurrence déloyale qui s'installe entre commerçants traditionnels et cybercommerçants va se traduire par une baisse des recettes publiques. Un bien ou un service acheté par un Québécois sur le site web d'un commerçant qui n'est pas établi au Québec coûte environ 7,9 % moins cher que s'il était acheté d'un commerçant qui y a son siège[21].

En février 2009, le journal *Les Affaires* écrivait : « Le Québec et le Canada tout entier sont en voie de perdre la bataille du commerce électronique grand public. Les consommateurs de la province achètent de plus en plus sur des sites étrangers[22]. » En avril 2009, le journal

Métro indiquait que près de la moitié des achats en ligne des Québécois se faisaient dans des commerces américains et que cela représentait une perte dépassant les 100 millions de dollars[23].

Si les ventes diminuent, le nombre d'emplois directs dans le commerce traditionnel est aussi appelé à diminuer. À ce sujet, il est intéressant de noter qu'eBay comptait seulement sept employés au Canada entre avril 2007 et avril 2008 et qu'elle y a malgré tout durant cette période empoché un milliard de dollars américains. Les emplois indirects diminueront aussi, car les commerçants deviendront moins actifs dans l'économie, fournissant ainsi moins de travail aux entreprises de services.

*
*   *

En matière de commerce électronique, les autorités fiscales ont un double défi. D'un côté, elles doivent offrir un environnement fiscal favorable au commerce électronique pour lui permettre de prospérer et, de l'autre, elles doivent récolter suffisamment de recettes fiscales pour ne pas se retrouver au bord d'un gouffre financier.

Les pays industrialisés discutent des moyens d'adapter les systèmes fiscaux au web depuis les années 1990, mais rien jusqu'ici n'a été mis en place. Aux États-Unis, par exemple, l'harmonisation des régimes d'imposition au commerce électronique est tellement délicate politiquement qu'un moratoire a été adopté en octobre 1998 et qu'il a été prolongé jusqu'en 2014. L'*Internet Tax Freedom Act* interdit l'adoption de taxes à l'endroit du commerce électronique et de taxes sur les droits d'accès à l'internet. Le 12 août 1996, la Commission européenne a publié un rapport intitulé *The "Bit Tax": the case for further research*, qui proposait de taxer la transmission d'information sur le web[24]. Cette initiative aurait l'avantage de minimiser la quantité d'informations inutiles transmises par le net, mais l'idée n'a pas été retenue.

Il est donc difficile de prédire ce que l'avenir réserve à la taxation du commerce électronique. En attendant un consensus à l'échelle internationale, les autorités fiscales des États doivent espérer qu'ils réussiront à gérer les conséquences négatives grandissantes qu'entraîne la non-fiscalisation du web.

CHAPITRE V

Charité mal ordonnée

Le nombre de fondations de charité (publiques et privées) augmente de manière exponentielle en Amérique du Nord. À l'époque de la création de la Fondation Rockefeller en 1913, il n'existait que quelques fondations privées aux États-Unis. En 1998, on en comptait 70 480. En 2010, parmi plus de 1 135 000 organisations de charité, détenant ensemble des actifs totalisant 3050 milliards de dollars, on dénombre 120 810 fondations privées détenant des actifs totalisant 561 milliards de dollars[1]. En moins de douze ans, le nombre de ces fondations privées a donc presque doublé.

En 2007 au Canada, les dons aux organismes de bienfaisance totalisaient 10 milliards de dollars CAN[2] et il existait plus de 9500 fondations de charité[3] publiques et privées.

Les grandes fondations de charité privées dans le monde

Au Canada

Tel que le montre le tableau II, les 10 fondations canadiennes les plus importantes détiennent des actifs d'une valeur totale de 7 milliards de dollars CAN.

Créée en 2006 par MasterCard Worldwide, financée par la donation d'un peu plus de 15 % des actions de l'entreprise, The Master-Card Foundation appuie des actions de lutte contre la pauvreté dans le monde par le biais de la microfinance et de l'éducation des jeunes.

La vente de Vidéotron à Quebecor Media en 2000 a permis le transfert de 1,4 milliard de dollars à la Fondation Lucie et André

Tableau II	
Les 10 fondations canadiennes les plus importantes[4]	
Fondations	**Actifs totaux**
1- The MasterCard Foundation	2 352 787 000 $*
2- Fondation Lucie et André Chagnon	1 531 965 000 $*
3- Vancouver Foundation	784 506 600 $*
4- Sick Kids Foundation	557 850 000 $*
5- The J.W. McConnell Family Foundation	518 282 400 $*
6- The Winnipeg Foundation	419 167 800 $**
7- Li Ka Shing (Canada) Foundation	349 818 700 $*
8- The Calgary Foundation	311 033 800 $*
9- La Fondation Marcelle et Jean Coutu	271 626 700 $***
10- Jewish Community Foundation of Montreal	259 712 800 $*
Chiffres de *2007 **2008 ***2009	

Chagnon, dont la mission est de « contribuer au développement et à l'amélioration de la santé par la prévention de la pauvreté et de la maladie, en agissant principalement auprès des enfants et de leurs parents ».

Fondée en 1943 par Alice MacKay, alors secrétaire, avec une mise de fonds de 1000 $ qu'elle avait personnellement économisée, la Vancouver Foundation avait initialement pour mission d'aider les femmes sans-abri.

Il n'existe pas de corrélation entre la richesse des fondations et l'importance des sommes qu'elles donnent à des fins charitables. La deuxième fondation la plus riche au Canada, la Fondation Chagnon, n'apparaît pas dans la liste des 10 fondations les plus généreuses, comme on le voit au tableau III.

Tableau III	
Les fondations les plus généreuses au Canada[5]	
	Sommes versées
1- Conseil des Arts du Canada	164 632 000 $**
2- The Ontario Trillium Foundation	95 762 400 $*
3- Sick Kids Foundation	75 532 540 $*
4- Alberta Heritage Foundation for Medical Research	62 359 000 $**
5- Vancouver Foundation	39 470 410 $*
6- RBC Foundation	38 627 960 $*
7- Li Ka Shing (Canada) Foundation	37 294 040 $*
8- The Law Foundation of British Columbia	31 785 510 $*
9- The Calgary Foundation	31 405 270 $*
10- Alberta Foundation for the Arts	28 306 680 $***
Chiffres de *2007 **2008 ***2004	

Aux États-Unis

La Fondation Bill and Melinda Gates, avec des actifs de 34 milliards de dollars US au 31 décembre 2009, est la plus importante aux États-Unis. Le chiffre de ses interventions dépasse de loin celui de l'aide humanitaire que peuvent fournir plusieurs pays et son budget d'opération en matière de santé égale celui de l'Organisation mondiale de la santé. Au sommet du G8 de juin 2010 à Toronto, où l'on a lancé de vastes programmes de santé maternelle, la Fondation Gates a signé un chèque de 1,5 milliard de dollars US pour leur financement, une somme supérieure au 1,4 milliard de dollars CAN donné par le Canada[6].

Depuis que la Fondation Bill and Melinda Gates a été créée en 2000[7], 22 milliards de dollars US[8] ont été versés pour améliorer l'accès à l'école et à la santé aux États-Unis et dans les pays pauvres. En 2010, elle emploie 800 personnes et a fait des dons de l'ordre de 3 milliards de dollars US[9].

En 2006, Warren Buffett, célèbre milliardaire ayant fait fortune dans la finance, s'est engagé à donner à la Fondation Gates des actions pour une valeur approximative de 31 milliards de dollars. La donation de Warren Buffett permettra à la fondation de dépenser environ 3 milliards de dollars chaque année afin d'accomplir sa mission.

La Fondation Ford a été créée en 1936 à Détroit, par Edsel Ford, le fils de Henry Ford. La fondation est maintenant présidée par Luis A. Ubiñas et son siège social se situe à New York. Elle possède un actif d'approximativement 10 milliards de dollars US, effectue des dons totalisant près d'un demi-milliard de dollars par année et soutient plusieurs secteurs culturels dont l'art, le théâtre et la musique. La Fondation Ford a fait en 2009 un don de 300 000 $ à la fondation Wikimedia, un organisme qui aide financièrement d'autres organisations créées à l'aide de MediaWiki.

La Fondation Rockefeller, créée en 1913 par John Davison Rockefeller à la suggestion de sa mère, détenait à ses débuts à peu près 100 millions de dollars, provenant de la fortune familiale. Aujourd'hui présidée par Judith Rodin, la Fondation Rockefeller possède un actif d'une valeur approximative de 3 milliards de dollars et injecte plus de 100 millions de dollars chaque année dans un ensemble de secteurs. La fondation a beaucoup aidé dans le domaine de la santé, dans celui de la préservation de la documentation avec la création du Rockefeller Archive Center, et elle a aussi participé au développement des écoles pour les Noirs, qui à l'époque étaient pratiquement inexistantes.

Ailleurs dans le monde

En Suède, la Fondation INGKA est la plus importante au monde en termes d'actif, sa valeur s'élève à 36 milliards de dollars, mais son fondateur Ingvar Kamprad est réputé pour sa pingrerie. Créée en 1982, la Fondation INGKA détient l'ensemble des actions de Ingka Holding, une société établie aux Pays-Bas et qui est propriétaire de 207 des 235 succursales IKEA dans le monde. Si la mission de la fondation est d'encourager l'innovation en architecture et en design d'intérieur, elle est très peu active et n'a fait que quelques dons depuis sa création[10]. À titre d'exemple, elle aurait octroyé 1,7 million de dollars au Lund Institute of Technology, situé en Suède, pour les années 2004 et 2005[11].

En Angleterre, le Wellcome Trust, avec des actifs totalisant plus de 20 milliards de dollars US[12], «soutient des recherches de la plus haute qualité en vue de l'amélioration de la santé humaine et animale[13]». Créé en 1936 selon les dernières volontés de Henry Wellcome, un important homme d'affaires œuvrant dans le secteur pharmaceutique, c'est un des plus importants organismes de bienfaisance du Royaume-Uni, dépensant tous les ans plus de 720 millions de livres sterling[14].

Avec une fortune de 13,3 milliards de dollars, Azim Premji est surnommé le «Bill Gates indien». Depuis 2001, il dispose d'une puissante fondation ayant l'éducation des Indiens comme principal objectif. La Fondation Azim Premji soutient 2,5 millions d'enfants dans pas moins de 13 000 écoles.

Située à Hong Kong, la Fondation Li Ka Shing porte le nom de son fondateur, un important homme d'affaires à la tête des sociétés Cheung Kong et Hutchison Whampoa[15]. Cette fondation concentre son aide dans quatre domaines: l'éducation, la culture, la santé et l'action sociale. Elle a fait des donations de plus de 1,45 milliard de dollars jusqu'à présent[16].

*
*   *

Certains faits suggèrent que la popularité des fondations pourrait s'accroître encore dans les prochaines décennies. Par exemple, Warren Buffett et Bill Gates ont lancé à l'été 2010 la campagne *Giving Pledge* («promesse de don») dont l'objectif est d'inciter les 403 milliardaires américains à offrir une partie de leur fortune à des organisations philanthropiques. Après seulement quelques semaines, près de 40 milliardaires s'étaient engagés pour 115 milliards de dollars. Sachant que les 400 Américains les plus riches possèdent ensemble 1200 milliards de dollars, Bill Gates et Warren Buffett espèrent récolter environ 600 milliards de dollars US (presque trois fois le budget annuel du Canada). Parmi les milliardaires qui se sont déjà joints à *Giving Pledge* figurent le maire de New York Michael Bloomberg, le propriétaire de médias Ted Turner, le cofondateur d'Oracle Larry Ellison, l'ex-président de Cisco Systems John Morgridge et le cofondateur de Microsoft Paul Allen.

De plus, faute de descendants, les dons par testament risquent de devenir de plus en plus fréquents : au fil des ans, les patrimoines grossissent et les héritiers se font plus rares, deux tendances qu'illustrent les deux études suivantes. Selon le dernier recensement de Statistique Canada, en 2006, 17 % des Canadiennes et 18 % des Canadiens âgés de 30 à 34 ans ont déclaré ne pas vouloir d'enfants. Et aux États-Unis, Robert Avery et Michael Rendall, professeurs à l'université Cornell, estimaient en 1993 que les baby-boomers auraient à léguer d'ici à 2040 jusqu'à 10 billions de dollars[17].

Au regard de ce qui précède, on ne s'étonnera pas que la philanthropie s'enseigne maintenant dans les universités américaines (à Seattle, à San Francisco, à l'Université Notre-Dame, etc.). Et signe qu'elle est devenue « tendance », on trouve un philanthrope engagé et efficace comme héros d'une nouvelle série télé de NBC, *The Philanthropist*[18].

Le don et les lois

Les mesures fiscales incitatives

Au Canada et dans la plupart des pays, les gouvernements favorisent l'exercice privé de la charité et de la philanthropie par des mesures fiscales incitatives. En 2009, dans l'étude *Canadiens dévoués, Canadiens engagés*, Statistique Canada demandait aux Canadiens quelles raisons les motivaient à donner à des organismes de bienfaisance. Selon cette étude, la première motivation était le « fait de ressentir de la compassion envers les gens dans le besoin ». « Les Canadiens sont proportionnellement un peu moins nombreux à faire des dons pour remplir leurs obligations religieuses ou autres croyances (32 %), ou parce que le gouvernement leur donne un crédit d'impôt sur le revenu (23 %)[19]. »

Dans son essai sur *L'esprit du don*[20], le sociologue Jacques T. Godbout s'interroge sur la nature du don et les raisons de sa persistance dans les sociétés modernes, plus enclines à s'en remettre à l'État. Le don serait une forme d'anarchie heureuse, de pied de nez au cynisme, une « grâce » qui échappe au mercantilisme immédiat, aux escrocs cravatés, au rendement, à la loupe des actionnaires. Il permet de se dépasser.

S'il est vrai que les motivations charitables interviennent en premier lieu dans la décision de faire un don, les mesures fiscales favorables n'auraient peut-être pas à être aussi généreuses. Il s'agit d'une question cruciale dans l'état actuel des finances publiques, fédérales et provinciales, où toutes les idées sont bonnes pour réduire les dépenses gouvernementales.

Les dons de charité ont été pris en compte dans le calcul du revenu imposable dès la création du premier impôt sur le revenu au Canada, en 1917. Les mesures fiscales favorables aux dons de charité ont évolué durant le dernier siècle. Aujourd'hui, un contribuable québécois peut déduire de l'impôt qu'il doit aux gouvernements jusqu'à 53 % du montant d'un don qu'il fait à un organisme de charité (soit 29 % au fédéral et 24 % au Québec). Les dons de certains titres cotés en bourse (par exemple, des actions, des obligations et des fonds communs de placement) sont encore plus avantageux parce qu'ils sont exonérés de tout impôt sur le gain en capital, normalement applicable au moment de la vente d'un titre.

Pour leur part, les fondations de charité profitent d'un généreux privilège fiscal : elles sont exemptes d'impôt à 100 %. Les fonds accumulés dans ces fondations sont donc subventionnés par tous les contribuables – ce qui devrait autoriser ces derniers à exercer un droit de regard sur leurs opérations.

Dans le document du gouvernement fédéral portant le titre *Dépenses fiscales et évaluations 2009*[21], le ministère des Finances a évalué que les exonérations fiscales pour dons de charité, accordées à tous les contribuables (aux particuliers comme aux sociétés par actions), coûtaient autour de 2,95 milliards de dollars au Canada. On peut estimer à une somme équivalente, sinon supérieure, les avantages consentis par les provinces.

L'encadrement législatif des organismes de bienfaisance

Il existe trois types d'organismes de bienfaisance : les fondations publiques, les fondations privées et les œuvres de bienfaisance. Les œuvres de bienfaisance se distinguent des fondations par leur orientation active. Généralement, les œuvres de bienfaisance doivent consacrer toutes leurs ressources à des activités caritatives qu'elles mènent elles-mêmes. Les fondations, quant à elles, financent des activités de bienfaisance menées par d'autres organisations.

La différence entre fondations publiques et fondations privées tient à la nature de leur contrôle. Une fondation privée est contrôlée par un seul donateur ou par une seule famille par l'entremise d'un conseil d'administration dont 50 % ou plus des administrateurs ont un lien de dépendance avec ce donateur ou cette famille. A contrario, une fondation publique est régie par un conseil d'administration composé d'une majorité d'administrateurs non liés et elle reçoit habituellement son financement d'une multitude de donateurs n'ayant pas de liens entre eux.

Les organismes de bienfaisance « enregistrés » jouissent de deux privilèges : ils ne paient pas d'impôt ; et ils peuvent délivrer des reçus officiels de dons à leurs donateurs pour crédit d'impôt.

Pour être « enregistrés » par l'ARC, les organismes de bienfaisance doivent viser des objectifs précis que les tribunaux ont reconnus comme des fins de bienfaisance, tels que le soulagement de la pauvreté, l'avancement de l'éducation ou de la religion ou d'autres fins qui profitent à l'ensemble de la collectivité.

Les règles auxquelles doivent se conformer les organismes de bienfaisance relèvent principalement des lois fiscales. Elles réglementent les placements, les activités commerciales, les activités politiques, les emprunts, les subventions et les activités internationales que peuvent mener les fondations. De plus, les organismes de bienfaisance sont obligés à un « contingent de versements » en vertu duquel ils doivent dépenser à des fins charitables une somme minimale annuellement. L'annexe I, à la fin du livre, décrit chacune de ces règles, dont nous verrons les lacunes dans la prochaine section.

Ces lacunes s'avèrent plus préoccupantes en ce qui concerne les fondations privées que pour les fondations publiques et les œuvres de bienfaisance, parce que le pouvoir financier des premières est souvent à l'entière disposition d'une seule personne. Toutefois, certains problèmes, tels que la possibilité de financer des activités dans d'autres pays ainsi que le manque de contrôle à leur égard et de transparence de leur part, touchent aussi les fondations publiques et les œuvres de bienfaisance.

Comme les fondations de charité risquent de devenir un pilier important de la vie sociale, il faudrait s'assurer qu'elles soient encadrées par un régime fiscal juste et conforme aux principes démocratiques, ce qui n'est pas le cas présentement. Les règles fiscales et parafiscales applicables aux fondations de charité sont trop avantageuses financièrement et trop laxistes juridiquement. De plus, et surtout, ces fondations peuvent affaiblir les structures et les principes démocratiques de nos sociétés et creusent un trou important et grandissant dans les finances publiques.

On ne remet pas ici en question le caractère charitable et l'action de ces fondations et de leurs donateurs. Plusieurs autorités qualifiées se sont déjà prononcées à ce propos. Par exemple, en 2006, le pape Benoît XVI a salué, dans son encyclique *Deus Caritas Est* (« Dieu est amour »), « les multiples organisations à but caritatif ou philanthropique », dont celles qui profitent de « dégrèvements fiscaux » pour exercer la charité, puisqu'« il n'y a aucun ordre juste de l'État qui puisse rendre superflu le service de l'amour ».

Dimensions problématiques

Qualification douteuse des administrateurs de fondation

Les règles fiscales actuelles propulsent généralement le fondateur à la tête de la fondation, qui porte habituellement son nom. Ainsi, indépendamment de ses compétences, il devient l'âme dirigeante des fonds accumulés par son organisation, financée en grande partie par les impôts des contribuables.

Les tenants du philanthrocapitalisme prétendent qu'il est d'un grand profit pour la société que les grands capitalistes mettent leurs talents et leurs méthodes de travail au service de la gestion des « affaires sociales »[22]. Warren Buffett, en donnant 85 % de sa fortune à la Fondation Gates, manifestait en tout cas une parfaite confiance en l'expertise de Gates. En conférence de presse le matin du don, il expliqua à Bill Gates et au reste de la terre : « Quoi que vous désiriez faire, quoi de plus logique que de chercher quelqu'un de mieux équipé que vous pour le faire » et « Qui ne choisirait pas Tiger Woods pour jouer à sa place dans un tournoi de golf ? »

On peut émettre plusieurs réserves sur cette idée que les grands entrepreneurs privés seraient naturellement compétents pour gérer les fondations caritatives. Premièrement, ils disposent rarement du temps nécessaire à la gestion adéquate de milliards de dollars. C'est pourquoi, par exemple, Bill Gates a pris la décision, à compter de 2008, de consacrer plus d'énergie à sa fondation qu'à Microsoft[23]. Rappelons que la Fondation Gates avait été créée en 2000.

Ensuite, il n'est pas toujours vrai qu'une personne ayant un talent pour dégager du profit dans une entreprise aura le même talent pour résoudre des problèmes sociaux et intervenir sur des questions d'intérêt public. Par exemple, ce n'est pas parce que Sam Walton a réussi à développer la plus grande chaîne de grandes surfaces au monde qu'il est le mieux placé pour savoir redistribuer de manière optimale l'argent de sa fondation dans la société. Le contraire est aussi vrai et est peut-être plus évident. Le meilleur président des États-Unis ne ferait pas nécessairement le meilleur président d'une multinationale. Les décisions relèvent d'analyses et de finalités complètement différentes dans les deux sphères, sociale et commerciale.

Quant au critère du leadership, l'idée que les grands leaders d'entreprise feraient de grands leaders dans le secteur public est aussi hasardeuse si l'on considère que, même au niveau de l'entreprise, les leaders excellent normalement dans une phase de son évolution plutôt que dans une autre. Par exemple, ceux qui sont les meilleurs pour lancer une « start-up » ne sont habituellement pas les meilleurs pour faire rouler une entreprise ayant atteint sa vitesse de croisière.

Plusieurs exemples dans l'histoire des fondations démontrent un manque flagrant de discernement de la part de leurs dirigeants. Par exemple, dans le cadre de son soutien à l'éducation, la Fondation Ford a commis de graves erreurs. Au milieu des luttes pour les droits civiques dans les années 1960, elle a jugé que ce serait une bonne idée de donner le contrôle des écoles établies dans les communautés noires à certains activistes noirs, en croyant que ces derniers sauraient comment éduquer ces enfants. Ce choix a mené à des abus de pouvoir, à du racisme dans la sélection du corps professoral et à une détérioration générale du fonctionnement et de l'enseignement dans ces écoles.

Liberté quasi totale quant au choix des projets

À part l'obligation de donner à des donataires reconnus par les autorités fiscales et de conserver une mission de bienfaisance, les fondations disposent d'une liberté totale quant au choix des projets dans lesquels elles investiront. En conséquence, cela peut favoriser un groupe d'organismes donataires au détriment des autres. Par exemple, depuis sa constitution, la Fondation Gates a concentré les deux tiers de ses donations annuelles sur un groupe de seulement 20 organismes.

Pour éviter trop de favoritisme dans la redistribution des montants amassés par les fondations, il pourrait être intéressant de créer un système obligatoire d'appel d'offres (semblable au système qui régit l'attribution des contrats par le gouvernement canadien) où chaque organisme aurait le droit de se faire entendre et serait traité équitablement dans sa demande de financement.

Menace à la démocratie

La démocratie donne le pouvoir ultime au peuple. En régime démocratique, l'État et les fonds publics doivent être gérés par un gouvernement choisi par le peuple, pour le peuple, comme le disait Abraham Lincoln (« *Democracy is the government of the people, by the people, for the people* »).

Comment gérer la menace que représentent certaines personnes et organisations qui ont une puissance financière imposante ? Tous les régimes démocratiques sont confrontés à cette question. En 1789, Thomas Jefferson (troisième président des États-Unis) était d'opinion que, pour maintenir l'égalité démocratique d'une génération à l'autre : « Les fortunes privées devraient se dissoudre par l'abolition du droit de primogéniture et de leur caractère inaliénable. Sinon, quelques individus et institutions pourraient amasser avec le temps suffisamment de richesses pour gouverner les citoyens ordinaires. »

Le plus inquiétant avec le régime fiscal et juridique qui encadre les fondations de charité est qu'il permet que des personnes non élues bénéficient de pouvoirs qui, dans un régime démocratique, devraient revenir exclusivement au gouvernement élu par le peuple.

Dans certains pays, il fut un temps où l'Église catholique était aussi puissante que les gouvernements. Durant la dernière décennie, il est devenu de plus en plus évident que les fondations de charité prennent doucement leur place à la tête de l'État. L'actualité fourmille d'exemples qui démontrent que le régime des fondations privées permet au pouvoir financier de s'emparer du pouvoir politique. Ainsi, nul doute que la puissance financière de la Fondation Gates, amplifiée par le pouvoir auxiliaire de la constellation d'organisations plus petites qui gravitent autour d'elle, lui confère une influence sur les priorités mondiales en matière de santé. Et ce n'est qu'un début. Avec l'initiative *Giving Pledge*, la naissance d'un nouveau gouvernement occulte paraît imminente.

Au Québec, les « PPPP », partenariats philanthropiques publics-privés, entre la Fondation Chagnon (et la famille Chagnon) et le gouvernement du Québec font apparaître des enjeux semblables. Depuis

2007, le gouvernement du Québec s'est lié à la Fondation Chagnon autour des projets suivants pour une valeur totale excédant 1,1 milliard de dollars :

- 400 millions $ – Avenirs d'enfants (Québec 200 millions / Fondation Chagnon 200 millions)
- 480 millions $ – Québec en forme (Québec 240 millions / Fondation Chagnon 240 millions)[24]
- 200 millions $ – Aidant(e)s des aînés (Québec 150 millions / famille Chagnon 50 millions)
- 50 millions $ – Réunir – Réussir (en développement)

Même si ce sont les contribuables québécois qui financent, directement ou indirectement par le biais des mesures fiscales, plus de 50 % des projets, le gouvernement du Québec en a cédé le contrôle décisionnel.

Joan Roelofs, professeure et auteure d'essais sur l'attitude antidémocratique des fondations, explique que celles-ci « peuvent créer et disséminer une idéologie justifiant de graves inégalités de condition sociale et de pouvoir politique ; elles peuvent détourner de la critique, masquer (et parfois atténuer) les aspects dommageables du système, et elles peuvent se payer les meilleurs cerveaux, des figures charismatiques et même des leaders politiques de gauche pour faire leur travail[25] ».

Les fondations privées court-circuitent la démocratie non seulement parce qu'elles s'approprient un pan du pouvoir décisionnel, mais aussi parce qu'elles l'exercent d'une manière qui n'est pas toujours conforme aux normes démocratiques. Par exemple, la Fondation Bill and Melinda Gates garde secret l'emplacement de son siège social et il est donc impossible pour les contribuables américains de savoir où se situe le *mind and control* des fonds publics qu'ils lui confient. Ou encore, il a été démontré que la haute direction des grandes multinationales américaines (apparaissant sur les listes du Fortune 500 et du Fortune 100) affiche une diversité raciale plus importante que celles des grandes fondations, qui semblent échapper à la nécessité de former des conseils de direction représentatifs de l'ensemble de la population[26].

Attention, s'il est important de continuer à encourager la philanthropie, cela ne doit pas se faire au détriment de la démocratie !

Obligations charitables minimales

Selon les lois fiscales canadiennes, les fondations doivent consacrer un certain pourcentage de leur revenu à des activités de bienfaisance. Ce pourcentage obligatoire est appelé « contingent des versements ». Depuis mars 2010, les fondations canadiennes ne sont assujetties qu'à une seule règle, celle du « contingent des versements », fixé à 3,5 %. En vertu de cette règle, le montant que les organismes de bienfaisance dépensent chaque année en activités de bienfaisance ou donnent à des donataires reconnus doit être égal ou supérieur à 3,5 % de tous les actifs de l'organisation qui ne sont pas directement affectés à des activités de bienfaisance ou à des fins administratives (si ces actifs dépassent 25 000 $).

Durant la dernière décennie, le contingent de versement imposé aux fondations de charité est devenu de moins en moins contraignant. Avant mars 2010, les fondations de charité (publiques ou privées) devaient dépenser, non seulement ces 3,5 %, ce qui était un minimum général, mais, dans le cas des fondations publiques, une somme égale à 80 % des montants pour lesquels des reçus avaient été émis au cours de l'exercice précédent et des sommes reçues d'autres organismes de bienfaisance et, dans le cas des fondations privées, 100 % de ces montants. Avant mars 2004, la règle des 3,5 % était la règle des 4,5 %. Le budget fédéral de 2004 a réduit le pourcentage minimal à 3,5 % afin de permettre aux fondations de mieux composer avec la baisse des taux d'intérêt qui était sous les 4,5 %, ce qui obligeait les fondations à entamer leur capital.

Cette série de réformes, et particulièrement celle introduite dans le budget de 2004, qui abaisse le pourcentage du contingent de versement au niveau du rendement du capital, démontre la volonté implicite des fondateurs que leur fondation ait une durée illimitée dans le temps. Ce désir peut se comprendre mais il entraîne une ponction sur les finances publiques que le Canada ne peut probablement plus se permettre.

Prenons un exemple théorique : monsieur X, un résident du Québec, fait un don de 100 millions de dollars à sa fondation (« Fondation X ») en 2010. Avec un contingent de versement minimal de 3,5 %, la Fondation X prendra entre vingt-cinq et trente ans pour remettre à la société l'économie d'impôt de 52 millions de dollars en valeur actuelle dont il a profité sur le don initial.

Pour mesurer l'ampleur des sommes qui échappent ainsi aux finances publiques du Canada, il faut savoir qu'en 2008, la richesse totale détenue par les fondations publiques et privées était estimée à 34 milliards de dollars (fondations publiques : 16,6 milliards de dollars, fondations privées : 17,3 milliards de dollars)[27].

Aux États-Unis, le contingent de versement est de 5 %. Pour la Fondation Gates, le seuil minimal de 5 % est facilement accessible : « Il n'y a rien de magique avec ce chiffre de 5 %, sauf que c'est le contingent de versement minimum. Nos dépenses en 2008 ont été de 3,3 milliards de dollars. Pour 2009, plutôt que de réduire ce montant, nous avons décidé de l'augmenter à 3,8 milliards, ce qui représente environ 7 % de nos actifs[28]. » (Bill Gates, janvier 2009.)

Même avec un contingent de 5 %, plusieurs organisations américaines proposent des solutions pour réduire le manque à gagner que le système représente tout de même pour l'État, problème dont on est aussi conscient aux États-Unis. Par exemple, le National Committee for Responsive Philanthropy, une organisation importante dont les opinions sont respectées dans le domaine, recommandait en 2009 de faire passer le seuil de dépense de 5 à 6 %[29].

Possibilité de financer des activités caritatives dans les autres pays

Les lois fiscales permettent aux organismes de bienfaisance d'utiliser les dons qu'elles reçoivent des contribuables canadiens pour financer des activités de bienfaisance à l'étranger.

Ainsi, durant la dernière décennie (2000-2010), les organismes de bienfaisance canadiens ont engagé des sommes estimées à 20 milliards de dollars dans des causes à l'extérieur du Canada (2002 : 1,4 milliard de dollars ; 2004 : 1,8 milliard de dollars ; 2006 : 2,3 milliards de dollars).

Cette tendance à la charité internationale s'explique peut-être par une plus grande conscience des problèmes mondiaux et l'expansion d'un sens de solidarité internationale. Ou encore, ce qui est le plus probable, par une présence accrue des immigrants canadiens et leur attachement à certaines causes relatives à leur pays d'origine.

Nonobstant la noblesse des intentions sous-tendant la charité à l'international, il est important de savoir qu'elle comporte un coût considérable pour les contribuables d'ici.

Contrairement à ce qu'il en est pour les organismes de bienfaisance, l'aide internationale accordée par les contribuables canadiens ne donne généralement pas lieu à des mesures fiscales incitatives sauf les dons à l'Organisation des Nations unies (et à ses organismes), à une université américaine « prescrite » ou à une organisation de bienfaisance à laquelle le gouvernement du Canada a fait un don au cours de l'année d'imposition.

La liste des organisations auxquelles le gouvernement du Canada fait un don est très restreinte. En 2010, elle se limite au Council for Canadian American Relations, à l'Aga Khan Foundation, à l'Aga Khan University et à la William J. Clinton Foundation.

Il semble impossible pour le moment de savoir le montant du don fait par le gouvernement canadien à la fondation William J. Clinton (« Fondation Clinton »). Nonobstant ce manque d'informations, les contribuables canadiens doivent tout de même savoir que la décision du Canada d'investir dans la Fondation Clinton risque de leur coûter plus cher qu'ils pensent. En réalité, ils doivent non seulement supporter le déboursé que représente le don lui-même, mais ils doivent aussi absorber l'économie d'impôt dont risque de profiter Frank Giustra pour les dons qu'il a faits et qu'il s'engage à faire à la Fondation Clinton.

Frank Giustra est un entrepreneur philanthrope de la région de Vancouver. Il est aussi un des plus importants donateurs de la fondation privée de l'ex-président Bill Clinton. Même s'il a longtemps gardé secrète la liste des plus importants donateurs de sa fondation, Bill Clinton a accepté de la rendre publique lorsque sa conjointe Hillary Rodham Clinton a été nommée secrétaire d'État du gouvernement américain. Cette liste révèle des dons provenant de plusieurs pays producteurs de pétrole : l'Arabie saoudite et la Norvège (entre 10 et 25 millions de dollars chacune), Oman, le Brunei, le Qatar et le Kuwait (entre 1 et 5 millions de dollars chacun).

La relation d'amitié entre Bill Clinton et Frank Giustra a fait la une du *New York Times* le 31 janvier 2008 sous le titre « *After mining deal, financier donated to Clinton*[30] ». Cet article rapportait que Giustra s'était garanti des droits d'achat d'uranium au Kazakhstan, peu après avoir rencontré le président kazakh dans son pays, alors qu'il accompagnait Bill Clinton dans une « tournée philanthropique ».

L'homme d'affaires canadien a promis de donner 100 millions de dollars en plus de la moitié de ses revenus miniers futurs à la Fondation Clinton. La Clinton Giustra Sustainable Growth Initiative, établie en tandem avec les donations, appuie des projets d'aide et de développement, principalement en Amérique latine.

Fautes et dépenses déraisonnables tolérées

Dans le monde de la charité, et plus particulièrement dans celui des fondations privées, les fautes semblent mieux tolérées qu'ailleurs, le contexte est propice aux dépenses déraisonnables et la haute direction n'a pas vraiment de comptes à rendre ou de concurrence à craindre.

Cette situation a des conséquences inusitées. Par exemple, selon une étude rapportée par le site de nouvelles The Star en 2008, « plus de la moitié des sommes ramassées à des fins de charité par Maple Leaf Sports and Entertainment a été dépensée l'an dernier en frais de financement et d'administration[32] ». La situation est sensiblement la même pour plusieurs fondations sportives canadiennes. Les soirées de gala, les tournois de golf et les loteries des fondations de la plupart des clubs de la Ligue nationale de hockey absorbent entre 40 % et 65 % des revenus des fondations. Pour la fondation des Oilers d'Edmonton, dont la mission est de venir en aide aux enfants dans le besoin et de soutenir le développement communautaire, cette proportion a atteint 80 % en 2008. La fondation des Canadiens rapportait un ratio de 17 %, le plus bas ratio des six clubs canadiens de la Ligue nationale de hockey[33].

En 2010, un groupe d'organisations du Québec, incluant la Fondation Chagnon et la Fondation Armand Bombardier, a été victime d'une fraude financière pour une valeur approximative de 317 millions de dollars[34]. Elles se seraient fait arnaquer par deux sociétés étrangères de fonds spéculatifs. Des poursuites ont été intentées aux États-Unis. La juge du district fédéral de New York a par ailleurs affirmé que Bombardier, la Fondation Armand Bombardier et la Fondation Chagnon avaient agi avec une négligence grave dans le processus de récupération de certains éléments de preuve, des documents pouvant servir à la défense des responsables des fonds mis en cause[35].

Aux États-Unis, le Center for Promise and Opportunity (CPO), une organisation de bienfaisance fondée par John Edwards, candidat démocrate à l'élection présidentielle américaine de 2008, a payé 124 000 $ en 2006 pour des vidéos et des photos réalisées par une dénommée Rielle Hunter sur les actions du Centre. Or ces vidéos et photos n'ont jamais été vues, et il s'est avéré par ailleurs que John Edwards avait en 2006 une liaison avec Rielle Hunter. Patricia Fiori, avocate du CPO, dans le cadre d'une enquête en cours sur l'organisme, John Edwards et des paiements douteux s'élevant à 1,5 million de dollars, a justifié l'impossibilité de fournir lesdites vidéos en expliquant que le CPO avait mis fin à ses activités et que son site web n'était plus opérationnel. Elle a ajouté que, de toute façon, il est fréquent d'engager des gens pour écrire des discours qui ne sont jamais prononcés[36] !

En Afrique, en 2009, entre 215 et 360 millions de dollars ont été gaspillés dans des projets d'approvisionnement en eau parce que les organisations caritatives responsables n'avaient pas prévu la maintenance du réseau. Selon un rapport produit en 2010 par l'International Institute for Environment and Development, environ 50 000 points d'approvisionnement en eau ont disparu à cause de cette incurie.

Ces organisations gèrent des fonds publics et le système en place devrait être suffisamment strict pour minimiser le gaspillage et préserver la confiance des constituants.

Au Canada, pour veiller à ce que les organismes de bienfaisance respectent les mesures prescrites par la loi, les autorités fiscales disposent d'une gamme d'outils et de sanctions. La plupart s'appliquent au niveau de l'organisation, mais, dans certaines circonstances, les administrateurs peuvent également être tenus personnellement responsables. Par exemple, les administrateurs peuvent s'exposer à une responsabilité personnelle si la société ne se conforme pas aux exigences prévues par la loi concernant les activités de la société, le devoir de déclaration, l'affectation des fonds et l'émission de reçus pour les dons. Devant les tribunaux, certains juges imposent des devoirs plus élevés aux administrateurs d'organismes de bienfaisance qu'à ceux de sociétés à but lucratif, notamment en raison des privilèges dont jouissent ces organismes. Toutefois, en pratique, la mesure la plus pénalisante généralement appliquée au niveau de l'organisme est le retrait du privilège fiscal. Même si les autorités peuvent, depuis 2004, imposer des sanctions intermédiaires qui se traduisent par des pénalités financières. Dans le rapport de la vérificatrice générale du Canada publié à l'automne 2010[37], on souligne que l'ARC n'a pas de directives internes suffisamment précises pour l'application des sanctions. Le rapport révèle qu'entre avril 2006 et mars 2009, l'ARC aurait continué d'utiliser les lettres de sensibilisation, les accords d'observation et les révocations afin de faire respecter la loi, et presque pas appliqué de sanctions intermédiaires. En fait, il y aurait eu 127 révocations pour motif suffisant et seulement deux sanctions autres qu'une révocation.

Quant aux dirigeants, ils semblent bénéficier d'une immunité totale parce que, quelle que soit la gravité des erreurs qu'ils ont pu commettre, aucun d'entre eux n'a eu à dédommager les organisations ou encore les contribuables canadiens qui les ont financés. « Un des défis que pose le contrôle des fondations tient à ce qu'elles tombent dans un entre-deux fédéral-provincial. Le fédéral a une Direction des fondations de charité qui relève de l'ARC. Les provinces, par le biais du Protecteur du citoyen, ont aussi le pouvoir d'intervenir et de poursuivre une fondation fautive. Ces organismes de contrôle engagent rarement des poursuites[38]. »

Contrairement aux entreprises et aux élus, les fondations de charité opèrent donc dans un contexte où les comptes à rendre sont négligeables. Cette liberté accordée aux fondations peut sembler en harmonie avec les principes de la gestion capitaliste mais, en réalité, c'est loin d'être le cas. En effet, il manque dans cette situation l'autre élément clé indispensable de ce modèle de régulation, à savoir la concurrence, pour venir discipliner la liberté. Dans le contexte législatif actuel, les fondations, et particulièrement les grandes fondations très puissantes financièrement, sont à l'abri de toute forme de concurrence.

Le système actuel n'encourage pas la réalisation d'activités charitables de qualité. L'Agence du revenu du Canada s'assure que les fondations ont des objectifs charitables en accord avec la définition d'« activité de bienfaisance », mais elle ne sait jamais si les donations sont utilisées de manière stratégique et efficace. Des sommes substantielles sont perdues chaque année, parce que, contrairement aux entreprises dont l'objectif de profit structure les modalités de gestion, les fondations privées n'ont aucun objectif de rentabilité, et nécessitent un autre type d'incitation à l'efficacité.

Alors que les lois fiscales imposent que, pour être déductibles d'impôt, les dépenses faites par un contribuable soient raisonnables et engagées dans le but de gagner un revenu, l'Agence du revenu du Canada n'impose aucune limite légale aux dépenses des fondations. L'ARC place en revanche quelques balises en indiquant ce qu'elle considère comme des taux de dépenses de financement raisonnables ou excessifs, ce qui n'inclut toutefois pas les frais d'administration. Aux ratios présentés dans le tableau ci-dessous, il faut donc ajouter un pourcentage additionnel pour refléter les dépenses d'administration réelles.

Tableau IV
Position de l'ARC **en matière de ratio dépenses/revenus dans les activités de financement**[39]

Moins de 35%	Peu susceptible d'être à l'origine de questions ou sujet de préoccupation.
Entre 35% et 70%	L'ARC étudie le ratio de financement moyen des quelques années précédentes pour identifier une tendance éventuelle aux ratios de financement élevés. Plus le ratio est élevé, plus il sera susceptible de préoccuper l'ARC et de mener à un examen plus détaillé des dépenses.
Plus de 70%	C'est un sujet de préoccupation pour l'ARC. L'organisme de bienfaisance doit pouvoir expliquer et justifier le montant élevé de ses dépenses de financement pour démontrer son respect des lignes directrices de l'ARC.

Transparence insuffisante des organismes de bienfaisance

Les fondations sont peu soumises à l'obligation de transparence, et cela étonne considérant le fait qu'elles gèrent des fonds publics substantiels. Selon le Foundation Center, organisme qui se veut la référence aux États-Unis en matière d'organismes de bienfaisance, en 2006, seulement 1645 des 21 000 fondations considérées comme des donateurs importants ont mis à la disposition du public un rapport annuel sur leurs activités. De plus, seules 12,4 %, soit 2599, de ces grandes organisations possèdent des sites web[40]. Si l'on considère que ces organismes contrôlent une fortune en donations, la moindre des choses serait qu'ils informent adéquatement ceux qui les soutiennent.

Selon le *Report on Abuse of Charities for Money-Laundering and Tax Evasion*, produit par l'OCDE en 2009 sur la base de l'information que 19 pays lui ont fournie en 2008, le Canada perdrait 200 millions de dollars annuellement en taxes et impôt dus à cause de fraudes liées au secteur caritatif[41]. Une obligation de divulgation comporterait donc l'avantage de limiter la possibilité de fraude fiscale.

Toutes les fondations ne fonctionnent pas de la même façon. Certaines rendent publiques la majorité des informations sur leurs activités. Un bon exemple en est la Fondation Rockefeller et son Rockefeller Archive Center. Ce centre de 36 000 pieds carrés possède une impressionnante bibliothèque de ressources documentaires, une équipe de 32 employés, et permet aux chercheurs, aux journalistes ainsi qu'aux simples étudiants de s'informer sur les activités de la famille Rockefeller ou d'une de ses multiples fondations. Il serait utopique d'espérer la même transparence de tous les organismes de bienfaisance; on pourrait toutefois rehausser nos exigences à leur égard.

Manque de contrôle par les autorités fiscales

L'ARC n'exerce pas un contrôle assez serré et elle manque de transparence dans l'exécution de ses fonctions auprès des organismes de bienfaisance, si bien qu'avant qu'elle ait révoqué le statut d'organismes enregistrés des organisations fautives, celles-ci réussissent à frauder les contribuables canadiens de milliards de dollars chaque année.

Selon le *Report on Abuse of Charities for Money-Laundering and Tax Evasion* de l'OCDE, il existe au Canada plusieurs techniques qui permettent d'arnaquer le système ou les donateurs. Par exemple, un organisme prétendument enregistré auprès de l'ARC sollicite des fonds du public (téléphone, courriel ou porte-à-porte) pour une cause donnée et émet de faux reçus pour crédit d'impôt[42]. Entre 2002 et 2006, la Fondation CanAfrica International aurait émis des reçus de dons falsifiés pour une valeur estimée à 38 millions de dollars. Ambrose Danso-Dapaah, directeur de cette fondation située à Toronto, a plaidé coupable à une accusation de fraude et a été condamné à 51 mois de prison.

Autre cas de figure: un organisme dûment agréé par l'ARC sollicite des fonds du public qu'il utilise pour des fins personnelles aux administrateurs[43]. La Fondation Wish Kid, située à Woodstock en Ontario, avait amassé 900 000 $. Au lieu d'utiliser cette somme pour aider des enfants atteints d'une maladie mortelle à accomplir leur rêve, tel que le proclamait la fondation, le directeur a acheté un véhicule, payé des leçons de pilotage à son fils et fait un dépôt pour l'achat d'un avion.

Autre possibilité encore: un organisme enregistré fait la vente de reçus pour crédit d'impôt[44]. Entre 2003 et 2009, les abris fiscaux charitables ont impliqué 161 500 contribuables canadiens et 5,15 milliards de dollars en dons. Avec une panoplie de méthodes plus complexes les unes que les autres, les organisations offrent aux donateurs des reçus pour des sommes pouvant atteindre cinq fois le montant effectif de leur don, ou plus (par exemple, un reçu pour crédit d'impôt de 10 000 $ peut se vendre pour 1000 $ ou 2000 $). Ces méthodes usent d'une grande variété de produits et de moyens incluant l'achat d'œuvres d'art, de médicaments pour le SIDA ou d'appartements en multipropriété (*time-sharing*). Ces dernières arnaques sont montées par des promoteurs qui réalisent des profits de centaines de millions de dollars. Il en existe principalement deux types. Les arrangements de donations par fiducie, où un individu donne, par exemple, un montant de 10 000 $ et reçoit en échange une propriété d'une valeur marchande de 90 000 $, qu'il redonne aussitôt à la fondation pour ensuite obtenir un reçu pour crédit d'impôt d'une valeur totale de 100 000 $; les donations en argent à effet de levier, où un individu emprunte 90 000 $ d'une entité impliquée dans la transaction frauduleuse pour le donner à un organisme de bienfaisance, qui lui-même ajoute un 10 000 $ pour totaliser 100 000 $ de donation et de reçu pour crédit d'impôt.

La plupart des fonds et des biens immobiliers impliqués dans ces stratagèmes n'existent tout simplement pas ou sont grossièrement surévalués et la part allouée à la mission affichée par la fondation au bout du compte n'excède généralement pas 1 % du budget total. Les dirigeants de l'Universal Aide Society, située à Nanaimo en Colombie-Britannique et dont la mission proclamée est d'aider les gens dans le besoin à travers le monde, ont utilisé les dons pour voyager entre leurs résidences de Vancouver et de Nice, pour acheter du vin de glace, des cigarettes et payer des honoraires non justifiés à des employés, des directeurs ou des membres de leur famille. Bien qu'elle ait été radiée comme organisme de bienfaisance en 2009, l'Universal Aide Society affiche sur son site web, dont les dernières mises à jour datent de 2010 : « les entreprises donatrices profitent d'un reçu pour crédit d'impôt pour tous les dons qu'elles nous font[45]. »

On ne compte que 50 vérificateurs pour contrôler l'ensemble des organismes de bienfaisance et une ponction des fonds publics totalisant plus de 10 milliards de dollars par année. Le plan de vérification élaboré par la Division de conformité de l'ARC pour l'année 2010-2011 prévoit que, sur les 85 000 organismes de bienfaisance canadiens, 846 feront l'objet d'une vérification comptable (dont seulement 646 dans les livres et sur les lieux de l'organisme contrôlé). Tirant parti de ce manque de contrôle, des organismes de bienfaisance frauduleux peuvent collecter des dons exempts d'impôt pendant plusieurs années avant que le fédéral ne leur retire leur statut d'organisme enregistré.

Il est très difficile pour un contribuable de s'assurer qu'un organisme de bienfaisance est en règle et qu'il fait réellement la charité, compte tenu du manque de transparence de l'ARC dans l'exécution de son travail de vérification et des ressources limitées à la portée du grand public. En effet, l'ARC dévoile les résultats d'une vérification uniquement lorsque le statut d'organisme de bienfaisance enregistré a été révoqué. Si un vérificateur découvre qu'un organisme ne fait pas ce qu'il prétend faire, mais sans que cela aille jusqu'à la révocation de son statut, les règles fiscales interdisent à l'ARC d'en aviser les contribuables. Les donateurs peuvent consulter la banque de données en ligne du gouvernement sur l'état des finances des organismes de bienfaisance enregistrés au Canada, mais l'ARC ne garantit pas la validité de l'information. Il est surprenant de constater qu'en 2010, un secteur d'activité aussi important comporte autant de failles, toutes plus importantes les unes que les autres. Les organismes de bienfaisance, et surtout les fondations privées, semblent évoluer dans un monde fiscal privilégié. Au fil des années, au lieu de s'améliorer en faveur des contribuables, la situation semble se détériorer à l'avantage des grands philanthropes. Certaines solutions sont toutefois possibles.

Des éléments de solution

Des solutions existent pour contrer les problèmes grandissants que causent les fondations privées et également, dans une certaine mesure, les fondations publiques et les œuvres de bienfaisance. Toutefois, elles ne sont pas faciles à implanter en raison de la puissance financière et politique des grandes fondations caritatives.

Des mesures correctives importantes ont déjà été mises en œuvre aux États-Unis. Par exemple, en août 2010, l'État de New York a fait adopter une nouvelle loi limitant les déductions d'impôt pour les personnes gagnant plus de 10 millions de dollars et il est possible que d'autres États ainsi que le gouvernement fédéral suivent cet exemple. L'État de New York justifie ainsi cette nouvelle mesure: «plus les mesures favorisant la charité sont importantes, plus le manque à gagner pour les services gouvernementaux de base est important[46]». La générosité excessive des avantages fiscaux accompagnant les dons aux œuvres de bienfaisance semble un luxe que les New-Yorkais ne peuvent plus se permettre.

En février 2009, le gouvernement américain annonçait qu'il comptait réduire les avantages fiscaux relatifs à la charité. Ainsi, pour les contribuables imposés au taux d'imposition le plus élevé, les dons de charité seront déductibles selon un taux d'imposition maximal de 30 %, contrairement à 36 % en 2009 et 2010, et 39,6 % en 2011. Lorsqu'un journaliste américain a argué, en conférence de presse le 24 mars 2009, que cette proposition pouvait être vue comme un impôt sur la charité, le président Obama a répliqué :

S'il s'agit véritablement d'une contribution charitable, [l'exemption fiscale à laquelle elle donne droit] ne saurait être un facteur déterminant et vous auriez pu aussi bien donner ce billet de 100 $ au refuge pour sans-abri de votre quartier. Et cette mesure ne concerne qu'à peu près 1 % du peuple américain. Ils devraient toujours avoir droit à cette déduction de revenu. C'est simplement qu'ils ne devraient pas pouvoir déduire 39 %. En ce sens, cette mesure égaliserait les choses. Quand je donne 100 $, j'aurai droit à la même déduction que n'importe qui, un chauffeur de bus par exemple qui gagne 50 000 $ par année, ou 40 000 $, et qui fait le même don de 100 $. Actuellement, ce dernier a droit à 28 %, il obtient une déduction de 28 % de ce qu'il donne. Et moi j'ai droit à 39 %. Je ne crois pas que ce soit juste[47].

Cette proposition n'a pas encore été acceptée par le Congrès américain et elle était reprise dans le budget du gouvernement des États-Unis pour l'année fiscale 2011.

Pour réduire le trou dans les finances publiques que causent les fondations de charité constituées pour être éternelles, la solution la plus simple serait d'augmenter leur contingent de versement à 6 ou 7 %, au lieu des 3,5 % prévus par les lois fiscales canadiennes. Au Canada, les actifs gelés à l'intérieur des fondations de charité représentent plus de 2,5 % du PIB du pays. Une augmentation du contingent de versement obligerait les fondations à rediriger ces actifs dans des activités de bienfaisance qui pourraient profiter à la société canadienne. Certaines organisations, telle la Fondation Julius Rosenwald créée en 1917, ont décidé de ne plus laisser l'argent dormir dans leurs coffres. Annuellement, elles dépassent volontairement leur contingent de versement et elles acceptent de ne plus être éternelles.

CHAPITRE VI

Le périlleux virage
d'une fiscalité verte au Canada[1]

La fiscalité verte consiste à modifier le prix des biens et services, de manière à forcer l'adoption de comportements favorables à l'environnement. La fiscalité verte est l'outil le plus important dont disposent les gouvernements pour propulser leur pays dans l'ère du développement durable, parce que bien des citoyens et des entreprises ne comprennent que le langage des prix. Les sondages démontrent d'ailleurs que les Canadiens portent plus d'attention au prix des choses qu'à leur valeur pour l'environnement.

Toutefois, l'implantation d'une fiscalité verte au Canada est périlleuse et fait face à plusieurs obstacles, passant d'enjeux constitutionnels peut-être fatals à des enjeux économiques dramatiques pour certaines régions du pays. Ces obstacles sont tellement importants qu'il devient quasiment impossible de penser qu'une fiscalité verte efficace puisse être implantée au Canada.

Les principaux outils dont dispose la fiscalité pour agir sur le plan environnemental sont les systèmes de style *cap-and-trade* (systèmes d'échange de quotas d'émission), les écotaxes, les autres taxes, les redevances et les mesures fiscales incitatives. On présente ces différents moyens à l'annexe I « Principaux outils de fiscalité verte ».

Les recettes engendrées par une telle taxation peuvent financer les mesures de protection de l'environnement, servir au remboursement de la dette ou à l'accroissement des investissements publics.

On peut même envisager une *réforme fiscale écologique* (RFE) dont l'objectif serait d'intégrer la valeur environnementale dans les fondements mêmes des régimes d'imposition. Une réforme fiscale écologique taxe (et donc décourage) la pollution et détaxe (et donc encourage) le travail. Une RFE fournit un cadre de référence cohérent, qui diffère des mesures fiscales établies à la pièce. Les recettes qu'elle procure servent à la réduction de l'impôt sur le revenu des particuliers ou des entreprises ou à la diminution des cotisations de sécurité sociale. En conséquence, une RFE apporterait généralement un « double dividende » aux pays qui l'instaureraient : le premier serait des comportements plus respectueux de l'environnement et le second la relance de l'économie.

Plusieurs pays ont réalisé ou sont en train de réaliser une RFE (partielle ou globale), dont l'Allemagne, le Danemark et l'Angleterre. Le programme de Stéphane Dion, chef du Parti libéral du Canada aux élections de 2008, proposait une RFE.

L'idée d'utiliser davantage les taxes vertes au Canada n'est pas nouvelle. La Table ronde nationale sur l'environnement et l'économie (TRNEE[2]) a fait des propositions dans ce sens en 2002. Dans le budget 2005, le gouvernement du Canada annonçait son intention de consulter tous les intervenants relativement à l'opportunité de mieux utiliser le système de taxation pour atteindre certains objectifs environnementaux[3]. De plus, dans le cadre de ce budget, il a publié les grandes lignes qu'il entendait suivre pour évaluer les propositions[4]. Et ça s'est arrêté là. Ensuite, plus aucune tentative canadienne d'implantation d'une fiscalité verte n'est survenue.

Principales taxes écologiques au Canada

Les taxes vertes fédérales sont les taxes sur les carburants (représentant la presque totalité des revenus des taxes vertes canadiennes), la taxe d'accise de 100 $ sur le climatiseur d'un véhicule neuf et la taxe d'accise sur les véhicules énergivores. Le recours à des instruments économiques (taxes et droits) pour inciter à des comportements meilleurs pour l'environnement est plus développé au niveau des provinces.

La taxe d'accise fédérale sur le diesel s'établit à 0,04 $ par litre. La plateforme électorale des conservateurs prévoit de la baisser à 0,02 $. Pour l'instant, cela demeure une promesse électorale. Quatre provinces appliquent aussi des taxes sur le diesel : Alberta (0,09 $/l),

Tableau V	
Les taxes vertes fédérales (Source OCDE)	
Prélèvement	**Montant de la taxe**
Taxe d'accise sur les carburants	10 cents/litre
Taxe d'accise sur les climatiseurs	100 $/climatiseur
Taxe d'accise sur les véhicules énergivores	Au moins 13 litres mais moins de 14 aux 100 kilomètres : 1000 $; Au moins 14 litres mais moins de 15 aux 100 kilomètres : 2000 $; Au moins 15 litres mais moins de 16 aux 100 kilomètres : 3000 $; 16 litres ou plus aux 100 kilomètres : 4000 $.

Colombie-Britannique (0,08 $-0,14 $/l), Ontario (0,14 $/l) et Québec (0,16 $/l).

En sus des taxes sur les carburants, les principales taxes écologiques provinciales et municipales sont la taxe sur le carbone de la Colombie-Britannique et du Québec, la taxe d'encouragement à l'économie de carburant (TEEC) en Ontario, imposée à l'achat des véhicules plus énergivores, et la taxe sur la cylindrée des moteurs qui sera imposée par la Ville de Montréal à partir de 2011. Les provinces prévoient aussi une panoplie de droits environnementaux : frais pour le recyclage de l'équipement électronique, des pneus, de la peinture, consigne sur les contenants, frais pour la mise au rebut ou le recyclage des emballages, droits pour des permis de chasse, etc.

Pénétration des taxes écologiques au Canada (OCDE[5])

Le dénombrement des mesures fiscales vertes qui existent au Canada démontre que cet aspect de la fiscalité n'y est pas très développé, moins que dans la majorité des autres pays industrialisés, particulièrement par rapport à ceux d'Europe. Les initiatives fiscales vertes du gouvernement fédéral répondent à des cas précis et sont généralement d'application temporaire.

La figure I évalue la valeur des taxes environnementales en pourcentage du PIB pour l'ensemble des pays de l'OCDE. En 2008, ce ratio s'établit à 1 % pour le Canada, la performance la plus basse après celles du Chili, des États-Unis et du Mexique.

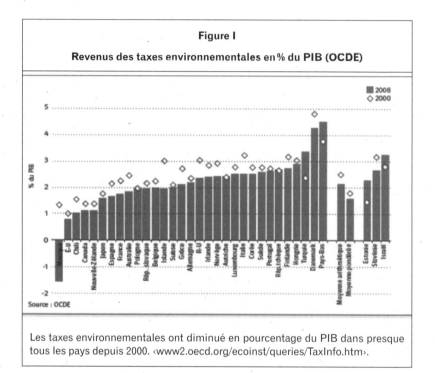

Figure I

Revenus des taxes environnementales en % du PIB (OCDE)

Les taxes environnementales ont diminué en pourcentage du PIB dans presque tous les pays depuis 2000. ‹www2.oecd.org/ecoinst/queries/TaxInfo.htm›.

Pourquoi la fiscalité canadienne n'est pas « verte »

Le passage du Canada à l'ère écologique dépend d'une multitude de facteurs au niveau international qui échappent à son contrôle, dont principalement la signature d'une entente globale de réduction des gaz à effet de serre (GES).

Au niveau intérieur, plusieurs obstacles entravent la mise en place d'une fiscalité verte, les principaux étant :

1) la nécessité pour le Canada d'harmoniser sa politique fiscale avec celle des États-Unis ;

2) les importants transferts de richesse entre régions et entre secteurs qu'une telle fiscalité provoquerait ;

3) la dépendance économique du Canada à l'égard de l'industrie pétrolière ;

4) les enjeux constitutionnels ;

5) le manque de conscience écologique des électeurs canadiens.

La nécessité pour le Canada de s'arrimer
à la politique fiscale américaine

Les liens économiques et politiques entre le Canada et les États-Unis sont suffisamment importants pour rendre nécessaire que les deux parties fassent un effort écologique équivalent. De plus, une position commune en matière de protection de l'environnement serait économiquement préférable et faciliterait le bon voisinage.

Historiquement, le Canada a adopté une approche de subordination face aux États-Unis. À l'époque où George W. Bush était président des États-Unis, Stephen Harper a décidé de ne pas respecter les cibles contraignantes du protocole de Kyoto même si les libéraux l'avaient ratifié en 2005, il s'est engagé à favoriser l'intégration énergétique nord-américaine et le Canada est devenu une source d'hydrocarbures fiable pour les États-Unis. Les Canadiens ont d'ailleurs souvent reproché à M. Harper d'avoir déclaré en 2002 que : « Kyoto est essentiellement un complot socialiste qui vise à soutirer des fonds aux pays les plus riches[6]. » Mais Stephen Harper lui-même a aussi affirmé que c'était l'inaction du président Bush en matière d'environnement qui empêchait le Canada de prendre des mesures plus radicales pour lutter contre les changements climatiques[7]. L'élection de Barack Obama a suscité l'espoir d'un dialogue nouveau entre le Canada et les États-Unis.

En réalité, c'est la dépendance énergétique des Américains au pétrole qui a été favorisée par le gouvernement du Canada[8]. En 2007, le Canada a adhéré au Partenariat Asie-Pacifique sur le développement propre et le climat, une initiative de l'administration Bush. Il s'agit d'une entente internationale parallèle au protocole de Kyoto, mais non contraignante, à laquelle participent l'Australie, la Chine, l'Inde, le Japon, la Corée du Sud et les États-Unis. Le Canada y participe « pour faire progresser les efforts internationaux en vue de lutter contre les changements climatiques ». Ce partenariat « vise à accélérer le développement, l'emploi et la diffusion de technologies plus propres et à meilleur rendement, afin de réduire la pollution atmosphérique, d'assurer un approvisionnement énergétique durable et de freiner les changements climatiques[9] ». « Les États membres du Partenariat représentent environ la moitié de la population mondiale et plus de la moitié de la consommation d'énergie et de l'économie mondiale et ils produisent environ 65 % du charbon, 62 % du ciment, 52 % de l'aluminium et plus de 60 % de l'acier produits dans le monde[10]. »

Sous l'administration Obama, le Canada a réitéré son intention de suivre, à tous égards, la politique américaine en matière de lutte au changement climatique. Jim Prentice, ministre fédéral de l'Environnement, expliquait en janvier 2010 que « si les États-Unis décident de ne pas taxer le carbone[11] et de ne pas avoir de système de crédits compensatoires mais plutôt, simplement, d'avoir une réglementation détaillée touchant tous les secteurs de l'économie, nous aurons besoin d'harmoniser notre cadre réglementaire avec celui des États-Unis[12] ».

Depuis son entrée en fonction, le président Barack Obama a tenté de convaincre le Congrès d'adopter un vaste projet de loi sur l'énergie et le climat, visant à réduire les émissions de gaz à effet de serre.

Or, après quatre périodes intenses de négociation, les démocrates n'ont pas réussi à convaincre le Sénat de l'importance de passer à l'action. Le leader de la majorité démocrate, Harry Reid, a annoncé la fin des pourparlers le 22 juillet 2010.

Aux États-Unis, cette situation reporte indéfiniment la mise en place d'une Bourse ou d'une taxe sur le carbone. D'ailleurs, il semble que la Conférence des Nations unies sur le climat de Cancún qui a eu lieu du 26 novembre au 10 décembre 2010, se soit conclue par l'adoption d'un accord modeste. L'entente ne prévoit pas la mise en place d'une bourse ou d'une taxe sur le carbone mais prévoit une série de mécanismes pour lutter contre le réchauffement climatique, dont un fonds vert destiné aux pays en développement[13]. Encore une fois, le Canada a rendu son appui conditionnel à l'action des États-Unis et de la Chine[14].

Toutefois, la phase 2 du protocole de Kyoto entrera en vigueur en 2013 et jusqu'en 2020. Il ne faut pas conclure du contexte politique actuel qu'aucune entente n'aboutira jamais. Le sénateur John Kerry, un des principaux acteurs dans le dossier des changements climatiques aux États-Unis, a juré que le projet de loi sur l'énergie et le climat porté par le Parti démocrate « ne prendra pas autant de temps » à être adopté que celui sur l'assurance-maladie qui a pris plusieurs décennies. Selon Brice Lalonde, ambassadeur chargé des négociations internationales sur le changement climatique pour la France depuis 2007, le sommet de Cancún pourrait ouvrir la voie à un « accord un peu plus important » lors de la prochaine Conférence des parties, la COP17, qui se tiendra à Durban (Afrique du Sud) en décembre 2011[15].

Transferts de richesse entre régions et secteurs de production

Partout dans le monde, les entreprises, les industries, les marchés, les organisations et les administrations qui seront assujettis à une fiscalité verte seront généralement avantagés économiquement s'ils émettent moins de GES que leurs concurrents. Une telle fiscalité provoquerait des transferts de richesse entre régions très importants.

Pour illustrer ces transferts, prenons une analogie fictive. Supposons qu'un gouvernement adopte la politique suivante à l'égard des sacs-poubelle : quota d'un sac par semaine par ménage ; les sacs supplémentaires sont disponibles à 1 $ pièce sur le marché (ce prix augmentera jusqu'à ce que l'objectif national soit atteint) ; les ménages qui consomment moins de sacs que leur quota pourront les revendre sur le marché. Qui sont les gagnants et les perdants d'une telle politique ? Le grand gagnant, c'est l'environnement. Ensuite, les ménages qui consomment moins que leur quota. Qui sont les perdants ? Les ménages qui doivent débourser tant qu'ils n'auront pas adapté leur mode de vie à ces exigences environnementales.

L'analogie des sacs-poubelle illustre le transfert de richesse qui s'effectue entre les groupes lorsque le coût écologique des comportements est intégré dans les marchés. Les individus, les familles, les industries, les provinces, les pays, les continents polluants s'appauvriront parce qu'il faut prévoir un certain laps de temps avant que ne changent les habitudes polluantes.

Si l'on exprime en sacs-poubelle les conséquences qu'aurait l'implantation d'une taxe sur le carbone au Canada, le Québec et l'Ontario consommeraient moins de sacs-poubelle que leur quota, mais l'Alberta consommerait jusqu'à 3 sacs par semaine et devrait donc payer une amende pour avoir excédé son quota.

Comme le prix de la tonne de GES est appelé à monter en flèche[16], les avantages économiques liés à l'implantation d'une fiscalité verte deviendront plus substantiels avec le temps. Toutefois, le Canada risque d'être affecté par une intense période de déstabilisation causée par des transferts de richesse entre des régions et des marchés ayant des profils environnementaux disparates. Cela entraînerait un « nouvel ordre économique et politique[17] » au Canada, comme le laissent figurer les questions suivantes :

Comment rééquilibrer les finances publiques de l'Alberta et de la Saskatchewan après l'attribution d'une valeur monétaire à leur déficit environnemental ?

Comment réagiront les souverainistes québécois face à la richesse supplémentaire que leur apporterait la performance écologique au Québec ?

Comme l'Ontario est grandement touchée par le déclin de son industrie manufacturière, elle a bénéficié pour la première fois de son histoire de 347 millions de dollars en péréquation pour son exercice 2009-2010, et elle encaissera près de un milliard de dollars pour 2010-11. Est-ce que l'attribution d'une valeur aux émissions de GES pourrait l'ébranler davantage ? Jusqu'à quel point une taxe sur le carbone risque-t-elle de nuire à ses principales industries, parmi lesquelles son industrie automobile ?

Comment la Colombie-Britannique pourra-t-elle renverser la croissance importante de GES qu'elle connaît (en 2006, + 27,5 % par rapport à 1990) ?

On a lieu de s'inquiéter des enjeux économiques et politiques liés aux transferts de richesse, à cause de leur ampleur et parce qu'ils surviendront dans un pays déjà en proie à des tiraillements entre ses composantes. Le tableau VI illustre les disparités entre les provinces sur le plan de leurs émissions de GES et permet de mieux comprendre les enjeux liés aux transferts de richesse entre régions.

En supposant une valeur de 50 $ pour la tonne de GES et des émissions équivalentes à celles de 2007 (voir tableau VI), l'attribution d'une taxe liée aux émissions de GES provoquerait un appauvrissement pouvant atteindre 3500 $ par Albertain (555 $ par Québécois) et 12,3 milliards de dollars[18] pour l'économie albertaine avant prise en compte des mesures de redistribution. Il en résulterait donc un transfert de richesse. L'Alberta et la Saskatchewan deviendraient moins intéressantes pour les investisseurs alors que d'autres provinces gagneraient de l'attrait.

Tableau VI

Profil GES du Canada et des provinces (2007)

Quantité de GES émis	Canada	AB	BC	MB	NB	NF	NS	ON	PE	QC	SK	NT
t/hab.	22,6	70,7	14,4	18	24,9	20,8	22,1	15,4	15,1	11,1	72,2	21,4
Total (Mt)	747	245,7	63,1	21,3	18,7	10,5	20,6	197,4	2,1	85,7	72	2,2

AB Alberta; BC Colombie-Britannique; MB Manitoba; NB Nouveau-Brunswick; NF Terre-Neuve et Labrador; NS Nouvelle-Écosse; ON Ontario; PE Île du Prince-Édouard; QC Québec; SK Saskatchewan; NT Territoires du Nord-Ouest

Source: Environnement Canada, *Le rapport d'inventaire national : 1990-2007. Sources et puits de gaz à effet de serre au Canada*, avril 2009.
Les chiffres ont été arrondis, c'est pourquoi les totaux ne correspondent pas à la somme des quantités.

Le tableau suivant illustre la contribution de différentes industries aux émissions de GES. Certaines contribuant plus que d'autres au problème, on verra s'accentuer les transferts de richesse entre les différents secteurs de production.

Tableau VII

Émissions de GES par secteurs d'activité au Canada (2008) (en Mt d'éq. CO_2)

Raffinage et production de carburant	Mines, extraction de gaz et de pétrole*	Prod. d'électricité et de chaleur	Aviation domestique	Agriculture	Transport par train	Production aluminium	Transport par camions lourds
68	97	119	8,5	62	7	7,4	39,4

Source: Environnement Canada, *Rapport d'inventaire national : 1990-2008. Sources et puits de gaz à effet de serre au Canada*, 2010.
* Y compris les émissions fugitives et celles découlant des pipelines.

En raison des disparités entre les volumes d'émissions[19] des diverses industries, il y aura donc inévitablement, avec un régime fiscal vert, une évolution des conditions à l'avantage des unes et au désavantage des autres. Par exemple, la production d'aluminium s'en trouvera favorisée par rapport à la production d'acier.

Le passage du Canada à l'ère écologique et la fixation d'un coût à la tonne de carbone pourraient par ailleurs entraîner un affaiblissement notable de la position concurrentielle de certaines entreprises sur le marché canadien ou sur celui des exportations. À titre d'exemple, dans un régime fiscal écologique, deux entreprises fabriquant de l'acier ne seront plus nécessairement sur un pied d'égalité si l'une alimente ses fours au charbon alors que l'autre utilise le biogaz[20].

Les conséquences de tels mouvements représentent le coût du virage vert. Dans certains cas, le coût sera majeur, ainsi pour l'industrie lourde ou pour les entreprises qui dépendent beaucoup du transport ou de l'énergie. À l'inverse, de nouvelles entreprises prospères émergeront, alors que d'autres amélioreront leur positionnement.

Le gouvernement fédéral devra nécessairement effectuer une analyse des effets du virage vert sur l'ensemble de l'économie du pays, pour en déterminer les conséquences sur le positionnement des différents produits canadiens sur les marchés intérieurs et d'exportation. Dans les deux cas, le produit de rechange, plus écologique, pourra provenir du Canada ou d'ailleurs[21]. Cette analyse détaillée devra se faire aux niveaux local, régional, provincial, national et international.

Si le produit de rechange provient du Canada, il n'y aura pas d'effet négatif sur l'économie canadienne dans son ensemble[22]. Par contre, si le produit de rechange provient de l'étranger, cela pénalisera les producteurs canadiens à la fois sur le marché intérieur et sur celui des exportations. Ce phénomène provoquera un déplacement de richesse vers l'étranger. L'effet pourrait être plus ou moins important selon le pays d'origine du produit concurrent[23].

À cela, il faut ajouter les coûts d'administration supplémentaires (privés et publics) imposés par le virage vert. Le coût pour le Canada pourrait être élevé s'il ne dispose pas d'un bassin important de produits de rechange.

Les enjeux économiques, politiques et écologiques sont énormes et de nouvelles barrières commerciales risquent de surgir. L'UE, par exemple, a déjà brandi la menace de hausses de tarifs douaniers pour les importations en provenance de pays plus laxistes qu'elle en matière environnementale[24].

Dépendance économique à l'égard de l'industrie pétrolière

L'industrie canadienne la plus concernée par un virage vert est celle des sables bitumineux. Le Canada est le seul pays où les sables bitumineux sont exploités commercialement[25]. La mise en valeur de cette ressource pose d'importants problèmes techniques, économiques et environnementaux. La situation canadienne est donc unique au monde. Selon Environnement Canada, « l'industrie de l'exploitation gazière et pétrolière a contribué à presque 40 % des augmentations totales des émissions du pays entre 1990 et 2008[26] ». À elle seule, l'exploitation des sables bitumineux comptait pour 5 % des émissions totales du Canada en 2008 (37 Mt sur 734 Mt). Les émissions de cette industrie ont augmenté de 120 % depuis 1990, passant de 16,8 Mt par année à 37,7 Mt, même si, dans la même période, on a réussi à réduire les émissions de 39 % par baril de pétrole produit[27].

Dans l'étude du Conference Board *Trouver le juste milieu : Les sables bitumineux, l'exportation et la durabilité* (2010)[28], on explique qu'il faut s'attendre à une augmentation totale des émissions au fur et à mesure que la production augmentera, et l'on s'attend à ce qu'elle double d'ici 2015.

Selon le gouvernement de l'Alberta, les investissements pour mettre en valeur les sables bitumineux de 2000 à 2009 ont totalisé 102 milliards de dollars et on prévoit des investissements additionnels de 140 milliards d'ici la fin de 2012[29]. Pour l'année 2009, Statistique Canada[30] estimait que l'industrie de l'extraction du pétrole et du gaz avait contribué pour environ 39 291 millions de dollars à la richesse du pays, soit autour de 3,2 % du PIB du Canada (1 195 403 million de dollars en 2009). L'industrie des sables bitumineux a une portée économique majeure au Canada et une fiscalité environnementale trop ambitieuse pourrait entraîner de graves pertes financières et mettre en péril l'industrie dans son ensemble.

L'exploitation des sables bitumineux crée plusieurs emplois en Alberta et dans les autres provinces canadiennes. Selon un rapport publié en juillet 2009 par le Canadian Energy Research Institute (CERI), les sables bitumineux affectent l'emploi de 112 000 personnes partout au Canada. Ce chiffre devrait dépasser les 500 000 au cours des 25 prochaines années et plusieurs de ces emplois seront créés dans d'autres provinces que l'Alberta[31].

Si une taxe sur le carbone est instituée, le transfert de richesse entre les provinces ne se fera plus au bénéfice de l'Alberta, comme actuellement, mais il se fera peut-être aussi au détriment du Canada et au bénéfice des pays qui utilisent son pétrole. En 2010, 80 % de la production pétrolière de l'Alberta était destinée aux États-Unis (1,5 million de barils par jour sur un total de 1,9 million de barils). Au total, le Canada répondait ainsi à 19 % de la demande intérieure des États-Unis, ce qui fait de lui leur plus important fournisseur de pétrole[32].

En plus de la demande américaine, l'industrie pétrolière de l'Ouest canadien vise à répondre à la demande chinoise, qui surpasse maintenant celle des États-Unis, car la Chine souhaite diversifier ses sources d'approvisionnement. D'ailleurs, en août 2009, PetroChina International a acquis 60 % de deux projets d'Athabasca pour 1,9 milliard de dollars. En 2010, le fonds souverain chinois China Investment Corp. a investi 1,2 milliard de dollars dans le groupe pétrolier et gazier canadien Penn West Energy Trust. Penn West assure disposer de réserves « significatives » au nord de l'Alberta. En avril 2010, le groupe pétrolier chinois Sinopec a racheté la part de 9,03 % de l'Américaine ConocoPhillips dans le plus grand exploitant de sables bitumineux, Syncrude, pour 4,65 milliards.

Kinder Morgan détient et exploite plusieurs pipelines au Canada, dont le Trans Mountain Pipeline (Edmonton – Vancouver). Ian Anderson, le président de Kinder Morgan Canada, a expliqué sur plusieurs tribunes canadiennes en 2010 que « la demande asiatique croissante va représenter un débouché majeur pour la production canadienne[33] ». Kinder Morgan Canada négocie présentement la construction d'un second pipeline dont l'objectif sera de satisfaire la demande de l'Asie.

Enbridge exploite au Canada et aux États-Unis un très important système de pipelines. En 2010, Enbridge était en négociation pour construire le Northern Gateway Pipeline, dont l'objectif est d'acheminer 525 000 barils par jour d'Edmonton à Kitimat (Colombie-Britannique), destinés à l'Asie.

Les enjeux constitutionnels

En ce qui a trait à l'environnement, le droit constitutionnel canadien répartit les responsabilités entre le gouvernement fédéral, les gouvernements provinciaux et les administrations municipales. Comme le montre le diagramme I, la responsabilité environnementale est très diffuse: chaque ordre de gouvernement doit en prendre sa part et agir de concert avec les autres pour arriver à résoudre les problèmes.

Diagramme I

Partage constitutionnel des responsabilités environnementales entre les gouvernements et administrations

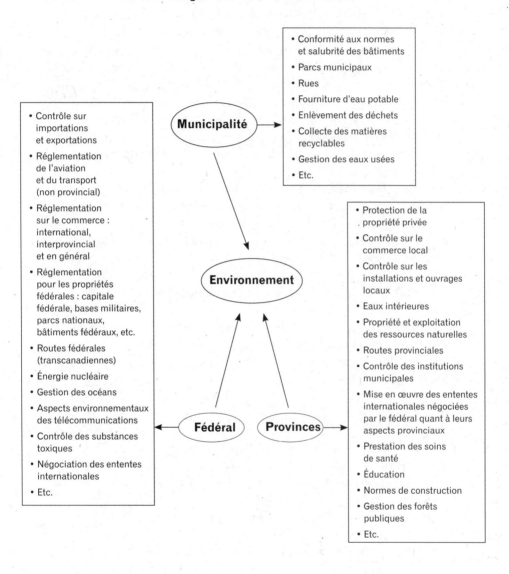

Le gouvernement fédéral dispose d'une marge de manœuvre limitée, les provinces restant les principaux maîtres d'œuvre en matière d'environnement. Le champ d'action direct du gouvernement fédéral se limite à l'application de taxes pour régir les émissions relatives à l'aéronautique, au transport international ou interprovincial, et de tarifs douaniers sur les importations. Ce champ d'action pourrait être plus large si l'on adoptait une interprétation plus libérale des pouvoirs du gouvernement fédéral[34]. Ce dernier peut néanmoins intervenir dans les cas suivants : 1) lorsque les provinces lui délèguent des pouvoirs, par exemple en adoptant une loi autorisant le gouvernement fédéral à réglementer le commerce local d'un produit en particulier; ou encore 2) s'il invoque ses pouvoirs d'exception : le gouvernement fédéral pourrait déclarer les installations provinciales de production d'électricité à l'avantage général du Canada.

Le champ d'action des provinces est nécessairement plus large : ces dernières peuvent adopter une multitude de règlements qui se rapportent au commerce local, à la propriété privée ou aux infrastructures locales. Par exemple, elles peuvent fixer le niveau des émissions de GES autorisé quant au transport local, au chauffage des résidences, aux dépotoirs, aux installations provinciales de production d'électricité, etc.

On comprendra que dans ce contexte, la mise en œuvre d'une fiscalité verte à l'échelle du pays exigerait une entente entre provinces et paliers de gouvernement, et donc beaucoup de négociations et de compromis.

Les électeurs et l'environnement

La décision finale de la mise en place d'une fiscalité verte revient aux électeurs canadiens. Ce pouvoir est encore plus marqué depuis 2004 puisqu'aucun gouvernement fédéral n'a réussi à remporter la majorité des sièges aux élections. Réunis ensemble, les électeurs sont certainement le groupe de pression le plus important, même durant les périodes entre les élections.

Même si les Canadiens se déclarent parfois favorables à la taxation environnementale, à une fiscalité verte, on peut s'interroger toutefois sur la profondeur de leur engagement[35]. Il est possible que les Canadiens aient une certaine conscience écologique mais que celle-ci n'ait pas encore atteint le niveau nécessaire pour permettre un véritable virage vert au Canada.

Un sondage commandé par le gouvernement fédéral en août 2010 indiquait que la majorité des Canadiens ne perçoivent pas la question de l'environnement comme urgente[36]. Selon un autre sondage Mustel Group commandé par la Fondation David Suzuki et publié en novembre 2009, « quand on demande aux Canadiens de nommer trois enjeux dont le pays doit s'occuper d'urgence, 69 % d'entre eux désignent l'économie, 67 % au Québec. Les soins de santé sont mentionnés par 51 % des Canadiens et 54 % des Québécois, tandis que l'environnement est un enjeu prioritaire pour 35 % des Canadiens et 39 % des Québécois[37] ».

En août 2009, un sondage mené par Léger Marketing[38] a démontré que la perception que les Canadiens ont de leurs comportements en matière d'environnement ne correspond pas du tout à la réalité. On a évalué les habitudes de 1022 participants grâce à une série d'indicateurs regroupés en six thèmes (recyclage, consommation d'essence, etc.), puis on a exprimé ces résultats par une note sur une échelle de 0 à 4. Les sondés ont ensuite évalué (sans connaître leur note) leur propre performance dans les mêmes six thèmes. Dans l'ensemble, les sondés se sont accordé des notes de 3,2 en moyenne, alors que leurs actions obtenaient un score moyen de seulement 2,5.

Lors d'un sondage mené en mai 2008 par la maison McAllister pour le compte de l'Institut Pembina, « 72 % des Canadiens interrogés pensaient que la nouvelle taxe [carbone sur l'essence] adoptée en Colombie-Britannique était "un pas dans la bonne direction". À cette date, 81 % des Québécois pensaient aussi que c'était une bonne chose[39] ». Un an plus tard, dans un sondage réalisé par la firme Harris/Décima pour le compte de la Presse Canadienne et rendu public le 11 mai 2009, on apprenait que la position des Canadiens avait changé. En effet, seulement 49 % d'entre eux étaient d'accord avec l'adoption d'une taxe sur les émissions de carbone. Et lorsqu'on leur demandait s'ils appuieraient une taxe similaire à celle adoptée par la Colombie-Britannique, qui a pour effet d'augmenter les prix de l'essence et du mazout, seulement 42 % répondaient par l'affirmative. Cela dit, comme dans les autres sondages, « le soutien le moins élevé a été constaté en Colombie-Britannique, seule province au pays à compter une telle taxe[40] ». Même si les sondages laissent supposer que les Canadiens ne sont pas complètement opposés à l'implantation d'une fiscalité verte, les faits mènent parfois à penser le contraire. Ils paraissent ainsi avoir tourné le dos au « virage vert » proposé par le Parti libéral du Canada aux élections 2008.

Toutefois, il est très difficile, voire impossible, d'attribuer la piè-tre performance électorale des libéraux uniquement à leur position écologique agressive. Surtout quand on sait qu'aux élections fédéra-les d'octobre 2008, une majorité de Canadiens ont voté pour des partis politiques (Nouveau Parti démocratique, Bloc québécois, Par-ti vert) ayant des programmes tout aussi déterminés en matière d'en-vironnement et que seulement 36,7 % ont voté pour les conserva-teurs. La défaite des libéraux dépend probablement d'une série de facteurs, incluant leur proposition de taxe sur le carbone, mais aussi l'émergence du Parti vert[41], l'incapacité du Parti libéral à percer dans les Prairies[42], le maintien du Bloc au Québec[43], etc.

L'électeur canadien est hésitant face à la mise en place d'une taxation écologique. Si certains sondages ont démontré qu'il sem-ble prêt à accepter les conséquences d'une taxe sur le carbone, d'autres sondages sèment un doute important. Ainsi, 97 % des Ca-nadiens reconnaissent que l'abondance d'eau douce est importante pour l'économie alors que le Canada est le deuxième plus gros consommateur d'eau douce au monde[44]. Selon une étude menée par Environics Research, 94 % des Canadiens sont d'accord pour acheter des produits verts, mais les deux tiers des répondants ont avoué avoir des doutes quant à la validité des prétentions écologi-ques des produits[45].

De plus, la taxation écologique comporte le défaut d'être régres-sive, ce qui déplaît ou pourrait déplaire à la majorité des électeurs. Une taxe sur le carbone affectera d'abord le prix de consommation de l'énergie. Quel que soit leur revenu, les Canadiens consomment à peu près la même quantité d'énergie pour subvenir à leurs be-soins : se nourrir, se chauffer, aller travailler, etc. De ce fait, ce sont les plus pauvres qui seront les plus pénalisés par une taxe sur le carbone. Pour contourner cet inconvénient, une partie des recettes provenant des taxes écologiques pourrait être redistribuée aux Ca-nadiens à faible revenu, sans mettre en péril l'effet environnemen-tal escompté par la mesure.

L'opinion des consommateurs canadiens est importante parce qu'ils disposent de deux puissants moyens pour l'imposer : par les élections, parce qu'il se loge un consommateur dans chaque élec-teur canadien ; par leur choix en consommation, parce que le client a toujours le dernier mot.

Une autre dimension importante de l'électorat peut influer sur ses choix politiques : beaucoup des électeurs sont des parents. Or les parents d'aujourd'hui sont conscients que leurs enfants affronteront les conséquences du réchauffement climatique. D'ailleurs, selon les résultats d'un sondage CROP réalisé dans le cadre du « Baromètre AXA de la Retraite 2008 », les Canadiens sont parmi les plus préoccupés concernant les conséquences du réchauffement climatique pour les générations futures (à l'échelle internationale, le Canada se classe en troisième position à cet égard). La majorité des répondants s'accordent à penser que la prochaine génération souffrira nettement plus des changements climatiques[46].

Malgré ce fait, cependant, les choix électoraux suggèrent qu'une partie de ces parents sont disposés à prendre un risque, en suivant le gouvernement actuel qui mise sur l'espoir de découvertes technologiques et sur la séquestration du gaz carbonique. Or, pour ce qui est du stockage du carbone, il faut savoir que le « CO_2 qui aura été séquestré présentera toujours le risque de s'échapper dans l'atmosphère où il participera alors à l'effet de serre [...] la géologie de la croûte terrestre en sera modifiée pour les générations futures. Deux siècles de consommation accélérée des combustibles fossiles auront engendré un risque pour la nuit des temps. Ce sont les générations futures qui devront supporter les risques qu'elles n'auraient peut-être pas choisis. Il y a là un problème d'éthique digne d'intérêt[47] ».

Les gouvernements sont les gardiens des ressources nationales pour les générations futures. Toutefois, l'obligation de protéger les générations futures est une *obligation morale et non légale* et aucune sanction n'est prévue pour les contrevenants. De plus, les générations futures n'ont pas le droit de vote. Leur seule influence, c'est par le biais des parents.

Des éléments de solution à considérer

Il existe des éléments de solution pour faciliter l'implantation d'une fiscalité écologique au Canada : atténuer les transferts de richesse entre les régions canadiennes et entre les secteurs de production canadiens ; optimiser la mise en place des mesures fiscales vertes ; mettre en place des mesures incitatives ; convaincre les électeurs qui priorisent l'économie en montrant les avantages d'une fiscalité verte.

Atténuer les transferts de richesse

Le 30 janvier 2010, le ministre fédéral de l'Environnement Jim Prentice a engagé le Canada à atteindre une cible post-Kyoto de - 17 % d'émissions de GES par rapport au niveau de 2005. La répartition de cet effort global entre les provinces n'a toujours pas été négociée à ce jour.

Un partage équitable (sans qu'il soit nécessairement égal) des cibles de GES pourrait réduire les disparités et les tensions régionales. Cette approche, plus communément appelée « bulle européenne », a été privilégiée au sein de l'UE lors de la mise en application du protocole de Kyoto. Globalement, l'UE devait atteindre une cible de - 8 % par rapport aux émissions de 1990. Toutefois, les cibles ont été modulées selon les pays pour tenir compte des particularités de chacun. Voici les cibles extrêmes : Luxembourg (- 28 %), Allemagne (- 21 %), Danemark (- 21 %), Portugal (+ 27 %), Grèce (+ 25 %) et Espagne (+ 15 %).

Au Canada, il n'y a pas encore de consensus à cet égard, chaque province et le gouvernement fédéral choisissant sa cible, plus ou moins en rapport avec le protocole de Kyoto.

Le principal avantage qu'il y a à laisser chacune des provinces élaborer son propre système réside dans le fait que les revenus découlant du système demeurent au sein de la province. Ainsi, le gouvernement provincial peut profiter des revenus afin de réduire les problèmes de transition et les disparités régionales sont minimisées.

Dans le cas d'un système pancanadien établi par le gouvernement fédéral, les revenus découlant de la taxation du carbone seraient encaissés par le gouvernement central. Ainsi, l'effet régional de la taxe varierait selon les méthodes employées pour recycler les revenus.

Il est à noter que, si les transferts aux provinces sont proportionnels au poids démographique de celles-ci, cela avantage le Québec et l'Ontario au détriment de l'Alberta et de la Saskatchewan. Une baisse d'impôt ou de taxes favoriserait aussi le Québec et l'Ontario compte tenu de l'importance relative de leurs économies. Ainsi, le gouvernement devra équilibrer le système en portant une attention très particulière aux inégalités régionales.

Il faut favoriser la conclusion d'une entente internationale où les pays imposeraient à leurs entreprises et à leurs citoyens un effort écologique équivalent et équitable.

Une taxe sur le carbone risque de provoquer une onde de choc dans l'ensemble de l'économie canadienne. Très peu de pays industrialisés ont adopté une véritable taxe sur le carbone, principalement pour des raisons économiques et politiques. Lorsqu'une telle taxe est mise en place, un grand soin est accordé aux mesures pour assurer la compétitivité internationale des entreprises ainsi taxées, leur évitant l'imposition d'un fardeau trop considérable. Une attention particulière est généralement accordée à l'industrie manufacturière, à l'agriculture ou aux entreprises ayant des besoins en énergie invariablement élevés.

On peut envisager une réforme fiscale qui tiendrait davantage compte de la préservation de l'environnement sans trop alourdir le fardeau fiscal des entreprises. Concrètement, on peut, par exemple, introduire une nouvelle taxe relative à la pollution (comme une taxe sur les émissions de GES), tout en abaissant une autre taxe déjà existante d'un montant équivalent. L'expérience européenne démontre que les entreprises sortent généralement gagnantes d'une telle réforme fiscale. Toutefois, les émissions de GES ne sont pas encore taxées à ce qui serait leur juste valeur selon les experts.

On devra faciliter la transition des entreprises canadiennes vers un marché global écologique, en respectant les accords du GATT et de l'OMC ainsi que les accords commerciaux régionaux comme l'ALENA. Autant que possible, les mesures doivent préserver la santé des finances publiques et s'inscrire dans le respect d'un équilibre budgétaire à long terme.

Optimiser la mise en place des mesures fiscales vertes

Pour optimiser la portée d'une mesure fiscale, on doit l'implanter au « moment propice ». L'analyse des régimes d'imposition canadien et étrangers montre que l'évaluation de ce moment semble parfois négligée et que des conséquences négatives peuvent en découler.

Le Canada dispose actuellement d'une période de dix ans pour implanter un régime fiscal vert puisqu'en 2020, ses émissions de GES devront avoir été réduites de 17 % par rapport au niveau de 2005.

Durant cette période de dix ans, toute une série de mesures fiscales vertes devront être mises en place au moment propice, c'est-à-dire en tenant compte de l'état de l'offre et de la demande de produits écologiques fabriqués au Canada, de manière à ce que le virage vert des entreprises précède celui des consommateurs.

Si des mesures fiscales vertes se trouvent à favoriser la consommation d'un produit vert en provenance d'un pays extérieur (parce que les entreprises canadiennes ne se sont pas préparées au virage vert), le régime d'imposition devient la cause de la fuite de capitaux vers l'étranger.

L'expérience du programme canadien écoAUTO montre bien la fuite de capitaux que peuvent provoquer des mesures favorisant les importations. ÉcoAUTO a été introduit lors du discours du budget de 2007 pour la période allant du 20 mars 2007 au 31 décembre 2008. Durant cette période, le gouvernement canadien a encouragé l'acquisition de 170 000 véhicules automobiles plus écologiques fabriqués presque exclusivement en Asie. Ainsi, pendant que l'industrie automobile nord-américaine était en faillite technique, écoAUTO provoquait une fuite de capitaux de quatre milliards de dollars (on discutait alors d'une contribution canadienne au sauvetage de l'industrie automobile à peu près équivalente!) et une dépense publique de 200 millions.

ÉcoAUTO n'était pas politiquement nécessaire, il n'existe plus et personne ne réclame qu'on le ramène. Comment une telle gaffe a-t-elle été possible? Les gouvernements n'ont encore aucune expérience d'un virage vert et ils ne comprennent pas très bien le cycle optimal d'implantation d'une fiscalité verte. De plus, la haute direction des entreprises et ses consultants ne comprennent pas toujours les enjeux écologiques qui les concernent et ils ne réagissent pas à temps aux occasions qui se présentent et aux urgences.

Si les entreprises canadiennes sont prêtes à répondre à la demande de produits écologiques, le gouvernement se doit d'agir sans tarder. Un retard indu peut avoir trois conséquences principales: 1) en matière de responsabilité sociale, les entreprises auront la voie libre pour pallier l'absence de l'État et accaparer les revenus de taxes vertes que les Canadiens accepteraient de payer (L'initiative de plusieurs détaillants canadiens qui font payer les sacs de plastique pour favoriser les sacs réutilisables en est un exemple frappant.); 2) cela compromet les mesures déjà adoptées en vue de forcer le virage vert des entreprises; 3) cela diminue le rendement de l'investissement que font les entreprises canadiennes pour prendre le virage vert.

Convaincre les électeurs des avantages
économiques d'une fiscalité verte

L'implantation de la fiscalité verte est un outil à la fois économique et écologique. D'ailleurs, la plupart des pays qui ont adopté une fiscalité verte visaient d'abord des objectifs économiques. Prenons l'exemple du Danemark et de l'Allemagne.

Au Danemark, la réforme fiscale écologique (RFE) a eu l'effet d'un réel plan de relance. La RFE a été effectuée dans une période économique difficile. Le déficit budgétaire (3,8 % du PIB en 1993 alors que l'équilibre budgétaire a été rétabli en 1998) et la dette (80,1 % du PIB en 1993 alors qu'elle avait baissé à 26,3 % en 2007) étaient substantiels[48]. Le gouvernement ne pouvait plus continuer à hausser les taxes pour tenter de résorber son déficit[49] comme on avait fait depuis le milieu des années 1960. Le pays occupait alors le second rang quant à l'importance de son fardeau fiscal parmi les pays de l'OCDE et l'impôt sur le revenu des particuliers comptait pour une part disproportionnée dans les revenus de l'État.

L'implantation de la RFE danoise a été menée dans l'optique de diminuer les dépenses de l'État, l'impôt sur le revenu des particuliers, les charges sociales et les impôts sur le capital, sachant que ces éléments auraient des effets économiques bénéfiques à long terme. Le gouvernement voulait aussi mieux contrôler ses dépenses en utilisant des instruments de marché pour jouer une partie du rôle de surveillance et de contrôle de l'État[50]. L'énergie utilisée pour le chauffage est fortement taxée alors que celle destinée aux procédés l'est peu[51]. Les baisses d'impôt ont donc été compensées par l'augmentation ou l'introduction de taxes environnementales. En tout et pour tout, le plan a contribué à augmenter la productivité de 1,5 %[52] et a généralement eu une incidence positive sur le PIB.

En Allemagne, le début du processus de RFE coïncidait avec une période de chômage élevé consécutive à la réunification du pays et a contribué à augmenter le nombre d'emplois et à hausser la compétitivité internationale des entreprises. En 1998, alors que le taux de chômage y était de 12,3 % comparativement à une moyenne de 6,8 % dans les autres pays de l'OCDE, on a décidé d'implanter une RFE, qui visait à augmenter l'utilisation d'énergies renouvelables, à amorcer le développement de technologies vertes[53], à augmenter les emplois et, par le fait même, à réduire les contributions à la sécurité sociale. Les taxes écologiques ne s'appliquent que partiellement à l'industrie de la pêche et à l'agriculture, et le secteur manufacturier peut bénéficier d'allégements pouvant atteindre 95 %. Certaines industries bénéficient pour des raisons concurrentielles de traitements de faveur. Sans cette réforme, la contribution à la sécurité sociale aurait atteint 21,2 % (au lieu de 19,5 % en 2005). Au cours de la période de 1999 à 2005, la RFE a contribué à la création de 175 000 à 250 000 emplois, a bonifié le PIB de 0,1 % à 0,2 % annuellement et a eu un effet positif sur la compétitivité internationale des entreprises en diminuant le coût des innovations énergétiques et en réduisant leur fardeau fiscal[54].

Mettre en place des mesures incitatives

Pour enclencher un virage vert, il faut agir sur plusieurs plans à la fois : la recherche et le développement (R&D), l'investissement, la production et la consommation. La prime fiscale verte, proposée ici, cherche à encourager dans ces différents domaines les actions et les comportements respectueux de l'environnement.

Les avantages fiscaux relatifs à la R&D écologique doivent être bonifiés. La société accepterait une telle bonification pour les organisations qui tentent de trouver des solutions aux problèmes environnementaux.

Les règles actuelles d'amortissement, qui permettent d'étaler les dépenses d'équipement d'une entreprise sur plusieurs années, doivent être bonifiées dans le cas de la mise en place de procédés de production écologiques. De plus, afin d'inciter les entreprises à mettre au rancart leurs équipements polluants désuets, on devrait leur accorder une déduction pour perte finale de l'amortissement de ces équipements l'année où elles s'en débarrassent[55].

Au Canada, il existe déjà un taux d'amortissement bonifié pour le matériel neuf de fabrication et de transformation. Cet allégement fiscal est indispensable pour aider les entreprises qui, autrement, auraient du mal à s'adapter à la mondialisation. En matière d'environnement, le Canada a déjà des règles d'amortissement avantageuses, dont celles qui s'appliquent à l'acquisition de matériel de production d'énergie renouvelable[56]. Lors du budget fédéral de 2009, le gouvernement a aussi proposé des règles d'amortissement pour favoriser les technologies de captage et de stockage du carbone. Cette pratique est également utilisée par d'autres pays. Par exemple, aux États-Unis, le code des impôts prévoit un amortissement accéléré à l'égard de certains biens permettant de réduire la pollution de l'air[57]. Au Royaume-Uni, de telles mesures visent les véhicules peu polluants, et en Finlande, les investissements pour lutter contre la pollution de l'air[58].

En sus de ces mesures et en temps opportun, les autorités canadiennes pourraient prévoir un congé de taxes à la consommation pour les produits écologiques. Un tel congé aurait peu d'incidence sur les habitudes de consommation des entreprises, compte tenu des crédits de taxe sur les intrants qu'on accorde déjà. Toutefois, cette mesure procurerait un avantage concurrentiel aux produits écologiques et maximiserait le rendement des fonds (publics et privés) investis. Ainsi, l'écart de coût entre les produits écologiques et les autres serait réduit, tandis que le développement de produits écologiques canadiens pour le marché canadien serait encouragé. Politiquement, une mesure incitative sera plus facilement acceptée qu'une mesure coercitive. Les congés de taxes à la consommation doivent cependant être bien ciblés pour éviter de nuire aux entreprises canadiennes. Il est important que les exemptions soient adoptées graduellement, au fur et à mesure que les entreprises pourront offrir des produits écologiques, sans quoi l'avantage fiscal bénéficiera aux fabricants étrangers.

Durant les vingt dernières années, les émissions de GES sur le territoire canadien ont augmenté de 25 %. Le ministre de l'Environnement du Canada, Jim Prentice, a annoncé le 30 janvier 2010 que la cible de réduction des émissions visée pour 2020 au Canada serait de 17 % par rapport aux niveaux de 2005. Pour atteindre cette cible en dix ans, le virage devra être très vert au Canada. Peut-être trop vert pour les électeurs !

Selon les sondages, les Canadiens demandent au gouvernement de favoriser en priorité le développement économique ; la protection de l'environnement arrive en troisième. En réalité, aucun pays, même parmi les pays dits « verts », n'a accepté de traiter l'environnement en priorité, avant l'énergie et l'économie. L'Union européenne, qui se veut le leader vert sur la planète, a regroupé les propositions de ses pays membres en vue de l'après-Kyoto dans un document baptisé *Paquet climat-énergie*. Le Danemark, un pionnier dans l'imposition d'une taxe sur le carbone, a introduit les réformes fiscales écologiques de 1993 à 2002 en présentant des objectifs environnementaux dilués au travers d'objectifs économiques et financiers. Au Royaume-Uni, les principaux objectifs de la réforme fiscale écologique de 2001 étaient de sécuriser son approvisionnement énergétique et de préserver la concurrence internationale de ses entreprises.

À la recherche d'une solution environnementale idéale qui passe les tests économiques, politiques et énergétiques

Dans le contexte canadien actuel, la cible de réduction des GES doit satisfaire aussi à des exigences économiques et politiques. Sinon, quels que soient ses mérites environnementaux, toute solution reste malheureusement impossible à mettre en place. Certes, la fiscalité verte a fait ses preuves. Toutefois, dans la situation économique, politique et énergétique du Canada, l'implantation d'une fiscalité verte est réaliste *si et seulement si* les États-Unis prennent le virage vert et assument leur part de responsabilité.

Afin de passer le test de l'économie, la cible de réduction visée ne doit pas avoir de conséquences négatives excédant ce que les électeurs acceptent de payer pour satisfaire leur vertu écologique. Selon un rapport rendu public en septembre 2009 par le Network for Business Sustainability, les consommateurs sont prêts à débourser un supplément de 10 % pour un produit vert. Passé 10 %, ils choisissent le produit polluant.

Les conséquences économiques d'une cible de réduction des GES de 17 % risquent de coûter plus cher que ce supplément toléré de 10 %. Dans l'étude *Protection climatique, prospérité économique*[59], réalisée par l'Institut Pembina et la Fondation David Suzuki et rendue publique le 29 octobre 2009, on peut lire que pour atteindre, d'ici 2020, un objectif de réduction des GES de 20 % par rapport au niveau de 2006, le Canada devra débourser jusqu'à sept milliards de dollars annuellement en crédits carbone et il devra réduire de 33 % et de 22 % ses émissions de GES en provenance de l'extraction du gaz naturel et du pétrole brut respectivement.

L'engagement du Canada à atteindre cette cible nécessiterait donc des déboursés importants et, à moins d'une découverte permettant de capter et de stocker le carbone de manière économique, entraînerait un ralentissement important de l'extraction du gaz et du pétrole. Pour comprendre les conséquences économiques d'un tel ralentissement et l'effet domino qu'il pourrait enclencher, imaginez un ralentissement équivalent dans l'agriculture, la foresterie, la chasse, la pêche, l'hébergement et la restauration, parce qu'en proportion du PIB du Canada, il faut regrouper toutes ces industries pour atteindre au niveau de richesse produit par l'extraction du gaz et du pétrole.

Pour être praticable politiquement, il faut aussi que la cible soit sans risque pour la stabilité politique du pays. Le problème avec une cible trop ambitieuse est qu'elle provoquera inévitablement des transferts de richesse importants de l'ouest vers l'est du Canada.

Même s'il ne souffre pas de dépendance énergétique à proprement parler, le Canada importe les soucis énergétiques des États-Unis, étant leur fournisseur le plus important et le plus fiable de pétrole, de gaz naturel, d'électricité et d'uranium. En réalité, les solutions retenues par le Canada devront d'abord obtenir l'agrément des États-Unis, parce qu'il est peu probable que les Américains acceptent quelque décision que ce soit qui risquerait d'affaiblir leur sécurité énergétique.

Pour toutes ces raisons, une cible de réduction de 17 % sous le niveau de 2005 au Canada comporte trop de conséquences négatives aux niveaux économique, politique et énergétique pour qu'on puisse raisonnablement penser la mettre en œuvre, compte tenu de l'état actuel de l'opinion des électeurs. Pour aider vraiment le pays à prendre le virage vert, il faut donc trouver autre chose.

La part de responsabilité des États-Unis dans le bilan environnemental canadien

Pour le moment, la solution la plus réaliste serait de demander aux États-Unis d'assumer leur part de responsabilité dans les sables bitumineux.

En adoptant la cible de réduction de 17 % en janvier 2010, le ministre des Finances Jim Prentice a précisé que le Canada « s'align[ait] entièrement sur la cible des États-Unis », lesquels visent aussi une réduction de 17 % sous le niveau de 2005. Même s'il s'agit d'une modification de la position canadienne qui visait antérieurement une cible de 23 %, deux problèmes subsistent.

Un tel objectif est plus ambitieux pour le Canada que pour les États-Unis, parce que ses émissions ont augmenté depuis 2005 alors qu'elles ont baissé chez notre voisin du Sud. L'écart en faveur des États-Unis risque encore d'augmenter, compte tenu de la récession qui entraîne une diminution de l'activité industrielle du côté américain et de l'augmentation de l'extraction des sables bitumineux du côté canadien. Entre 2005 et 2008 (la dernière année pour laquelle on a des données), le Canada a effectivement augmenté ses émissions de 0,5 % alors que les États-Unis les ont réduites de 2 %.

Une cible égale pour les deux pays revient à demander aux contribuables canadiens d'absorber seuls tout le fardeau écologique de la ressource albertaine. Or, l'industrie des sables bitumineux, on l'a vu, est principalement exploitée pour le compte des Américains qui consomment 80 % de la production et qui, de surcroît, constituent les plus importants actionnaires étrangers des pétrolières de l'Ouest.

Cette répartition de la cible nord-américaine entre le Canada et les États-Unis oblige les Canadiens à absorber un coût écologique supérieur à celui des Américains, alors que, selon le Fonds monétaire international, ces derniers ont une plus grande capacité de payer : en 2008, le PIB par habitant en parité du pouvoir d'achat était de 46 859 $ US (6e au monde) aux États-Unis tandis qu'il s'établissait à 38 183 $ US (13e au monde) au Canada.

Il faut aussi se référer aux indicateurs clés de l'environnement qui ont démontré que la responsabilité des Américains dans le désastre écologique demeure supérieure à celle des Canadiens et ce, même si les émissions canadiennes ont augmenté de manière plus drastique depuis 1990.

Et pour finir, cet écart non pas nominal mais de fait qui existerait si l'on adoptait la même cible de 17 % dans les deux pays provoquerait sans doute des transferts importants de richesse du Nord vers le Sud. Il s'agit là d'une évidence, étant donné la mobilité des capitaux qui seraient attirés vers des régions écologiquement moins contraignantes, comme le seraient alors les États-Unis.

Afin d'éliminer les iniquités fiscales dont seraient victimes les Canadiens, et particulièrement ceux des provinces non pétrolières comme le Québec et l'Ontario, les Américains doivent accepter leur part de responsabilité dans les émissions de GES occasionnées par l'exploitation des sables bitumineux. Autrement, le Canada continue de se mettre à dos le reste de la planète à qui il demande indûment d'absorber les conséquences de l'irresponsabilité des Américains.

Conclusion

En ce début de XXIe siècle, le monde tremble sous une « tempête parfaite » : aux crises religieuses, politiques, financières et environnementales s'ajoutent maintenant des crises fiscales comme il y en a une en Irlande, une en Grèce et, probablement, une aux États-Unis. C'est le début d'une longue vague qui risque de frapper plusieurs pays, dont le Canada.

En moins de dix ans, les régimes d'imposition ont été attaqués par la mondialisation et la défiscalisation des entreprises, par la popularité grandissante des paradis fiscaux et du commerce électronique, et par la multiplication des fondations de charité. Chacun de ces facteurs suffirait à lui seul à ébranler les régimes d'imposition. Réunis, ils les poussent à la faillite.

Pour ce qui est des problèmes environnementaux, la nécessité d'une entente mondiale pour s'y attaquer ne fait plus de doute. Les États sont néanmoins paralysés par les menaces politiques et économiques sous-jacentes à l'attribution d'une valeur fiscale à la vertu écologique. Au Canada, ce problème est crucial. S'il est mal géré, ses conséquences seront dramatiques.

En écrivant ce livre, je souhaitais faire comprendre l'importance d'adapter nos régimes d'imposition à la réalité d'aujourd'hui. J'ai esquissé quelques-unes des solutions qu'on pourrait envisager. Je ne me suis cependant pas trop avancée sur ce terrain. Je voulais éviter les débats idéologiques et politiques, pour présenter un tableau de la situation le plus neutre possible. On ne pourra cependant pas faire comme si ces problèmes n'existaient pas ou qu'on pouvait les reporter indéfiniment.

La balle est maintenant dans le camp des politiques. C'est à eux de décider s'ils prennent leurs responsabilités pour imposer des solutions ou s'ils préfèrent démissionner devant les puissances de l'argent.

Les principaux outils de fiscalité verte

Le principal outil de la fiscalité verte est l'écotaxe. Elle respecte le principe du pollueur payeur et permet de taxer un produit qui provoque des dommages à l'environnement. Elle vise à faire porter le choix des consommateurs sur des produits moins polluants ou recyclables.

Les systèmes de permis négociables, qui s'appliquent aux émissions de carbone, respectent aussi le principe du pollueur payeur. D'ailleurs, ils sont une solution macroéconomique à utiliser concurremment aux écotaxes. Si le système de permis échangeables a été retenu aux fins du Protocole de Kyoto, c'est notamment parce qu'il facilite les échanges à l'échelle internationale.

Le système de permis échangeables s'harmonise avec le théorème de Coase. Il permet d'internaliser les externalités en implantant des droits de propriété transférables à l'égard des ressources environnementales. L'État crée un marché artificiel dans lequel les agents économiques peuvent interchanger des permis de pollution. L'État doit d'abord déterminer le seuil de tolérance de pollution et distribuer (gratuitement ou aux enchères) des titres en fonction de ce seuil. Les entreprises sont incitées à se procurer des droits de polluer tant que le coût est inférieur aux mesures de dépollution. Les entreprises qui émettent moins de pollution que la quantité autorisée peuvent vendre leurs droits de polluer restants à d'autres entreprises. Les prix sont alors fixés selon le principe de l'offre et la demande. Si les contraintes de protection de l'environnement s'aggravent, il y a logiquement un accroissement du prix des permis[1].

Les écotaxes et le système de permis échangeables (non distribués à titre gratuit) mènent au même résultat. Tous les deux créent une charge à la pollution. Dans un système de taxation, c'est l'État qui fixe le prix pour l'utilisation d'une substance polluante et c'est le marché qui détermine les quantités consommées alors que dans un système de permis échangeables, c'est l'inverse : l'État fixe la quantité maximale admissible pour les émissions et le marché en détermine le prix.

En présence de permis échangeables, il peut s'avérer difficile pour le pollueur de déterminer d'avance le coût de pollution, ce qui peut causer des difficultés de gestion plus importantes que le système de taxation. De plus, la fiscalité environnementale est préférable aux permis échangeables lorsque les pollueurs sont nombreux et dispersés puisqu'elle a une portée universelle alors que les permis d'émission doivent normalement être réservés aux grandes entités. D'un autre côté, les contribuables acceptent plus facilement l'implantation d'un système de permis échangeables que d'écotaxes. Ils se sentent moins menacés et éprouvent moins d'aversion. L'une des raisons souvent invoquées est la suivante : si les permis échangeables sont distribués gratuitement, les pollueurs ne supportent que le coût de la réduction des émissions. Dans le cas d'une taxe sur les émissions, les pollueurs doivent, en plus de soutenir les coûts de dépollution, supporter un coût par émission réalisée. Tout compte fait, le système basé sur les permis échangeables risque de devenir un important sujet de discussion durant les prochaines années alors que le président élu, Barack Obama, propose aux Américains de l'implanter aux États-Unis.

En pratique, si le système de permis échangeables ou les écotaxes génèrent d'importantes recettes publiques, c'est parce que le taux de taxe n'est pas suffisamment élevé. La présence de recettes élevées laisse présumer que les pollueurs préfèrent payer l'écotaxe plutôt que de modifier leurs comportements.

De façon générale, il n'est pas recommandé d'affecter les recettes engendrées par les écotaxes en faveur de l'environnement. « Le choix d'une activité polluante comme assiette d'une mesure fiscale paraît, de prime abord, correspondre au PPP ; pourtant, si les produits d'une taxe sur une matière polluante sont affectés à l'environnement, les ressources publiques affectées dépendront du niveau de pollution. La diminution des activités nuisibles à l'environnement entraînera donc une réduction des ressources affectées et il faut craindre que le souhait de maintenir le niveau des rentrées fiscales soit préféré à la réduction effective de la pollution taxée[2]. »

Les autres taxes, contrairement aux écotaxes, sont celles adoptées en vue de générer des recettes et cherchent normalement à satisfaire des politiques autres qu'environnementales. Elles supposent des bases larges et de faibles taux d'imposition. Par exemple certaines taxes sur l'énergie et les transports n'ont pas une vocation principalement écologique, mais peuvent malgré tout avoir un impact positif à l'égard de l'environnement. Les recettes servent généralement à rembourser la dette, accroître les investissements publics, réduire d'autres prélèvements ou réduire les cotisations de sécurité sociale. Elles peuvent par exemple être employées à la construction de routes afin de réduire les embouteillages.

Les redevances correspondent à la rémunération d'une prestation de service telle que l'électricité, la distribution d'eau, l'assainissement, la collecte et l'élimination des déchets ou le traitement des eaux usées industrielles. Elles n'entrent généralement pas dans le budget global de l'État puisque leur objectif premier n'est pas de générer des recettes mais de couvrir le coût réel d'une prestation de service donnée. « Sur un plan fiscal, une redevance peut être définie comme un prélèvement comportant une contrepartie, alors que la taxe est définie comme un prélèvement obligatoire et sans contrepartie. La pollution pouvant être interprétée comme un usage particulier d'une ressource naturelle (un droit à polluer), un prélèvement associé à une dégradation de l'environnement peut alors être assimilé à une redevance[3]. »

Les encouragements fiscaux sont des subventions indirectes qui se traduisent par des exonérations fiscales, des crédits d'impôts remboursables ou non et des déductions fiscales. Trois raisons expliquent qu'ils sont généralement moins efficaces que les écotaxes. Premièrement, ils incitent la création de nouvelles entreprises, ce qui entraîne une hausse du niveau de pollution. Deuxièmement, ils encouragent certaines entreprises à poursuivre leurs activités même si elles ont un niveau élevé de pollution qui en réalité est irréversible. Troisièmement, ils sont rarement appropriés pour atteindre les engagements internationaux sur la réduction des émissions de GES puisqu'ils ne garantissent pas un certain niveau d'émission.

La RFE implique une intégration des considérations environnementales, mais va au-delà de la simple instauration d'écotaxes. Elle comporte généralement : 1) une refonte des taxes existantes de manière à les rendre plus respectueuses de l'environnement ; 2) la suppression des subventions à l'environnement ; 3) une redistribution des recettes.

La redistribution des recettes doit se comprendre dans le sens d'un transfert de charge fiscale. La RFE peut notamment réorienter les charges fiscales applicables au revenu d'emploi vers la pollution ou autres activités nuisibles à l'environnement. Par la RFE les activités « positives » sont encouragées et les « négatives » sont découragées. Elle est une solution géniale pour les autorités publiques qui sont confrontées à un « double problème » parce qu'elle permet un « double avantage ». D'un côté, en augmentant la taxation, la RFE diminue normalement les produits ou les services qui nuisent à l'environnement. De l'autre côté, en réduisant la charge fiscale sur le travail, la RFE permet une baisse du taux de chômage. Dans la nomenclature, l'expression « double dividende » est utilisée pour exprimer la présence d'un « double avantage ».

Pour les pays qui dépendent de l'énergie étrangère comme la France, l'Allemagne et les États-Unis, la RFE permet même l'obtention d'un « triple dividende ». En taxant les produits émetteurs de GES, la RFE impose généralement une discipline énergétique aux citoyens et contribue à atténuer la vulnérabilité énergétique du pays.

Le guide fiscal vert canadien 2010

I – Incitatifs fédéraux à l'investissement

Catégorie 43/Matériel de fabrication et de transformation

Sous réserve de la règle de la demi-année[4], une entreprise qui acquiert du matériel pour le traitement du gaz naturel ou dans le cadre d'installations de production de carburants de remplacement pour véhicules peut normalement profiter d'une déduction pour amortissement (DPA) de 30 % calculée à partir du solde dégressif. Ce taux est temporairement augmenté à 50 % selon la méthode linéaire pour les acquisitions ayant cours entre le 19 mars 2007 et avant 2012[5].

Cependant, la catégorie 43 découle du régime fiscal général dont le principal objectif ne vise pas la sauvegarde de la planète. Il est donc possible que certains biens polluants soient admissibles à la catégorie 43.

Catégorie 43.1 et 43.2/Matériel pour produire de l'énergie renouvelable

Des taux d'amortissement avantageux sont prévus dans le cadre de l'acquisition de certains types de biens favorables à l'économie d'énergie et de matériel lié aux énergies renouvelables. L'objectif vise à encourager les entreprises qui produisent et vendent de l'électricité ou qui utilisent de l'énergie dans d'autres secteurs industriels à utiliser des combustibles fossiles et à accroître leur utilisation d'énergies de remplacement renouvelables. Les pompes géothermiques servant à des applications autres que des processus industriels ou à des serres ainsi que le chauffage et la production d'eau chaude dans des bâtiments industriels, commerciaux et résidentiels utilisés en vue d'en tirer un revenu sont notamment visés par ces catégories.

La catégorie 43.2 constitue une mesure temporaire. Mise de l'avant en 2005, elle s'applique aux systèmes énergétiques acquis avant 2020. Elle offre une déduction pour amortissement accélérée plus avantageuse que celle prévue par la catégorie 43.1, soit 50 % au lieu de 30 %. Les critères d'admissibilité pour les deux catégories sont généralement les mêmes. Les biens admissibles à la catégorie 43.2 doivent toutefois respecter une norme de rendement plus élevée.

De plus, certaines dépenses (coût des études de préfaisabilité et de faisabilité, certains coûts de préparation des sites, coûts de branchement aux réseaux, certaines machines et équipement, coûts reliés au design et l'ingénierie, etc.) en lien avec le projet sont déductibles à 100 % dans l'année où elles ont été engagées et sont reportables indéfiniment de façon prospective pour déduction dans des années subséquentes. Ces dépenses peuvent également être transférées aux actionnaires selon certaines modalités (renonciation aux frais par la société qui les engage dans le cadre d'une convention d'actions accréditives).

Déduction pour amortissement pour le captage et le stockage du carbone

Dans le budget fédéral de 2009, il est mentionné que le gouvernement consultera les intervenants pour déterminer les actifs particuliers utilisés dans la technologie de captage et de stockage du carbone, en vue d'accorder une déduction pour amortissement accélérée liée à ces investissements.

Catégorie 24 et 27/Matériel prévention contre la pollution de l'eau et de l'air

Depuis 1999, les acquisitions de biens utilisés pour la conservation de l'eau et de l'air ne peuvent plus bénéficier du traitement fiscal favorable offert par les catégories 24 et 27. La déduction maximale pour amortissement qui pouvait généralement être réclamée pour l'année d'imposition au cours de laquelle les biens admissibles avaient été acquis se chiffrait à 25 % du coût d'origine. Le reste de la déduction était réclamé au cours des deux années suivantes à raison de 50 % pour la deuxième année et de 25 % pour la troisième année.

Recherche et développement

Les allégements fiscaux liés à la R&D peuvent inciter les entreprises à investir dans la recherche. Cette recherche peut viser des fins environnementales ou d'autres fins. Un crédit d'impôt à l'investissement est calculé en fonction des dépenses admissibles. Le taux général s'élève à 20 % et peut atteindre jusqu'à 35 % pour les sociétés privées sous contrôle canadien. Des règles semblables existent également dans les différentes provinces canadiennes.

Dans le budget fédéral 2009-2010, le plafond de dépenses au titre de la R&D de 3 millions de dollars donnant droit aux crédits d'impôt majorés (35 %) est graduellement réduit lorsque le revenu imposable de l'année précédente excède 500 000 $, pour être entièrement éliminé lorsque ce revenu excède 800 000 $. Cette modification est applicable lorsque l'année précédente se termine après 2008.

Initiative écoÉNERGIE pour les biocarburants

Elle fournit aux producteurs des stimulants à l'exploitation pour remplacer l'essence et le diesel. L'objectif consiste à les inciter à investir dans les installations de production en compensant partiellement les risques liés à la fluctuation de l'approvisionnement en matière première et à la variation du prix des carburants.

Cette initiative a été mise en place à la suite de l'abrogation des exemptions de taxe d'accise sur les carburants renouvelables. Elle représente un investissement de 1,5 milliard de dollars sur neuf ans et elle est en vigueur du 1er avril 2008 au 31 mars 2017.

Les frais liés aux énergies renouvelables et à l'économie d'énergie au Canada

Dans l'objectif de promouvoir le développement et la conservation de différentes sources d'énergies renouvelables, la Loi permet à une entreprise de créer un compte de dépenses fictif nommé « FERREEC ». Ce compte comprend les dépenses liées à l'ingénierie, à la conception, au nettoyage des sites, aux études de faisabilité, aux négociations contractuelles et aux approbations réglementaires. Les dépenses peuvent être déduites dans l'année où elles sont engagées ou dans une année postérieure. Elles peuvent même, sous réserve de plusieurs conditions, être transférées à un investisseur qui acquiert des actions accréditives.

II – Incitatifs fédéraux à la consommation

Transport en commun

Dans le but de réduire la pollution causée par les déplacements en voiture, la Loi offre un allégement fiscal aux particuliers qui utilisent le transport en commun. Il s'agit d'un crédit non remboursable pour le coût d'achat d'un laissez-passer mensuel (ou de longue durée) en vue du trajet quotidien en autobus, en tramway, en métro, en train de banlieue et en traversier.

III – Écotaxes fédérales (sauf taxes sur les carburants)

Les écotaxes sont des instruments économiques fiscaux que l'État peut utiliser dans un but de protection de l'environnement. Elles permettent un accroissement des prix à l'égard de certains produits pour lesquels il existe des substituts plus écologiques. Elles visent à inciter les consommateurs à choisir des produits recyclables, réutilisables et moins polluants. La législation canadienne comporte très peu d'écotaxes.

Taxe d'accise sur le climatiseur : taxe de 100 $ sur le climatiseur applicable lors de la vente d'un véhicule neuf équipé de l'équipement.

Écoprélèvement (Taxe d'accise sur les véhicules énergivores)

En ce qui a trait aux véhicules achetés après le 19 mars 2007, le fabricant ou l'importateur doit effectuer les prélèvements suivants :

1000 $ pour un véhicule consommant au moins 13 litres par 100 km mais moins de 14

2000 $ pour un véhicule consommant au moins 14 litres par 100 km mais moins de 15

3000 $ pour un véhicule consommant au moins 15 litres par 100 km mais moins de 16

4000 $ pour un véhicule consommant 16 litres ou plus par 100 km

Les véhicules doivent être neufs et principalement conçus pour le transport de passagers (y compris les voitures familiales, les four-gonnettes et les véhicules utilitaires sport) dont la cote de consommation de carburant totalise au moins 13 litres aux 100 kilomètres. Aucun prélèvement n'est requis pour les camionnettes et certains types de véhicules spéciaux.

IV – Autres mesures fiscales vertes fédérales

Programme don écologique

Lorsqu'un contribuable fait don d'un terrain privé ou d'un intérêt foncier partiel ayant une valeur écologique à un organisme qui a la responsabilité d'en protéger à perpétuité la biodiversité et l'état naturel, il peut profiter d'un crédit d'impôt ou d'une déduction.

Si le donateur est un particulier, il bénéficiera d'un crédit d'impôt non remboursable calculé en fonction de la valeur totale du bien (15 % pour la première tranche de 200 $ et de 29 % pour le solde). Si le donateur est une société, il pourra déduire la totalité de la valeur de son don à son revenu imposable.

La Loi ne prévoit aucune limite quant au montant du don écologique admissible. Le crédit ou la déduction fiscale est accordé dans l'année de donation et toute portion inutilisée peut être reportée au cours des cinq années suivantes. Contrairement aux autres types de dons, le donateur n'est pas imposable sur le gain en capital imposable résultant de sa donation.

Fiducie pour environnement

Dans le cas d'une fiducie qui accumule des fonds afin de restaurer un emplacement qui servait à l'exploitation d'une mine, à l'extraction d'argile, de tourbe, de sable, de schiste ou d'agrégats ou encore à l'entassement de déchets, le bénéficiaire peut déduire les contributions qu'il effectue en sa faveur durant l'année. Il doit toutefois payer de l'impôt sur les sommes que la fiducie lui verse, mais il peut recevoir un crédit d'impôt remboursable équivalant sommairement au montant d'impôt que doit payer la fiducie. Au palier fédéral, la fiducie doit payer l'impôt de la Partie XII.4 L.I.R. Le Québec prévoit des règles comparables.

Notes

Notes du chapitre premier

1. Alexis de Tocqueville, *Regards sur le Bas-Canada*, Montréal, Typo, 2003, p. 172-173. Souligné dans le texte.

2. Éditorial, « *Tax Revolts: Some Succeed, Most Don't* », *The New York Times*, 15 avril 2009. ‹roomfordebate.blogs.nytimes.com/2009/04/15/tax-protests-that-changed-history/›.

3. Jennifer Sloan McCombs et Stephen J. Carroll, « *Ultimate Test* », *RAND Review*, vol. 29, n° 1, printemps 2005. ‹www.rand.org/publications/randreview/issues/spring2005/ulttest.html›.

4. François Vaillancourt, « *Compliance and Administrative Costs of Taxation in Canada* », dans J. Clemens (dir.), *The Impact and Cost of Taxation in Canada*, Fraser Institute, 2008, p. 55-102. ‹www.fraserinstitute.org/research-news/display.aspx?id=12942›.

5. « *4% on all income of single men over $2,000. For others, the personal exemption was $3,000. For those Canadians with annual incomes of more than $6,000, the tax rate ranged from 2 to 25 per cent.* » (Lloyd Duhaime, « *The Birth of Income Tax (1917)* », sur le site ‹www.duhaime.org›.)

6. Il est vrai que la part du budget global des familles consacrée aux besoins vitaux, qui a diminué constamment depuis 1961, est l'expression, de son côté, de plusieurs facteurs.

7. ‹www.budget.finances.gouv.qc.ca/Budget/2010-2011/fr/documents/DetteGouvQuebec.pdf ›.

8. Milagros Palacios et Niels Veldhuis, *The Canadian Consumer Tax Index, 2010*, Fraser Institute, « *Research Studies* », 19 avril 2010. ‹www.fraserinstitute.org/research-news/display.aspx?id=15957›.

9. Ministère des Finances et ministère du Revenu, *Statistiques fiscales des particuliers. Année d'imposition 2007*, gouvernement du Québec, 2010, p. 2. ‹www.finances.gouv.qc.ca/documents/Statistiques/fr/STAFR_sfp_2007.pdf›.

10. Rosanne Altshuler et Roberton Williams, « *5 Myths About Your Taxes* », Tax Policy Center, 5 avril 2010. ‹www.taxpolicycenter.org/publications/url.cfm?ID=901335›.

11. ‹www.oecd.org/dataoecd/53/9/44852985.pdf›.

12. En matière fiscale, le législateur peut établir qu'une loi est rétroactive, en ce sens qu'il peut empêcher les contribuables de réaménager leurs affaires de manière à éviter de se plier aux nouvelles règles fiscales instaurées par une loi qui n'a pas encore été adoptée. En effet, dès qu'une règle fiscale est annoncée, les contribuables sont tenus d'agir comme si la loi avait été adoptée, et ce, même si son entrée en vigueur effective peut prendre plusieurs mois. Cette pratique entraîne beaucoup d'incertitudes et est susceptible de léser les contribuables, si, par exemple, le gouvernement adopte un projet de loi différent de celui qu'il a lui-même annoncé.

Le pouvoir du législateur va encore plus loin : il peut stipuler qu'une loi est opérante à partir d'une date antérieure au jour où il a déposé son projet de loi (cette loi est alors dite « fortement rétroactive »). Cette liberté du législateur peut affecter des opérations légitimes auxquelles les contribuables ont participé de bonne foi sur la base de la législation en vigueur.

Les tribunaux ont reconnu ce droit du législateur à légiférer rétroactivement. Dans la cause *Colombie-Britannique c. Imperial Tobacco Canada Ltée*, la Cour suprême écrit : « Il n'existe aucune exigence générale que la législation ait une portée uniquement prospective, même si une loi rétrospective et rétroactive peut renverser des expectatives bien établies et être parfois perçue comme injuste. »

13. Elena Bessa, *Contestation sociale et exercice de la citoyenneté : le cas du « mouvement piquetero » en Argentine*, mémoire de maîtrise en sociologie, Université du Québec à Montréal, 2004.

14. Susan Page et Naomi Jagoda, « *What is the Tea Party ? A growing state of mind* », *USA Today*, 8 juillet 2010. ‹www.usatoday.com/news/politics/2010-07-01-tea-party_N.htm?loc=interstitialskip›.

15. Le revenu médian est passé de 44 922 $ en 1999 à 43 318 $ en 2009. Source : U.S. Census Bureau, *Current Population Survey, 1968 to 2010 Annual Social and Economic Supplements*. Le niveau d'endettement de la classe moyenne a explosé entre les années 2001 et 2004, la richesse de la famille médiane a décliné d'une manière extraordinaire et la richesse (calculée en excluant la résidence principale) a décliné de 27 %. (E. N. Wolffe, *Recent Trends in Household Wealth in the United States*, N. Y, The Levy Economics Institute of Bard College, Working Paper n° 502, juin 2007. ‹www.levyinstitute.org/pubs/wp_502.pdf›).

16. Jacob S. Hacker *et al.*, *Economic Security at Risk. Findings from the Economic Security Index*, The Rockefeller Foundation, juillet 2010. ‹www.rockefellerfoundation.org/media/download/5440db1e-a785-4248-9443-8ba5025ddc28›.

17. Voir par ex. John Crudele, « *How nation's true jobless rate is closer to 22 %* », *New York Post*, 12 janvier 2010. ‹www.nypost.com/p/news/business/how_nation_true_jobless_rate_is_N4E6MjtfhnMcCi537pucaJ›.

18. Emploi en dessous du potentiel d'une personne en particulier ou d'une économie en général.

19. Jonathan Shaw, « *After* Our *Bubble* », *Harvard Magazine*, juillet-août 2010. ‹harvardmagazine.com/2010/07/after-our-bubble?page=0,1›.

Notes du chapitre II

1. « *Since trade ignores national boundaries and the manufacturer insists on having the world as a market, the flag of his nation must follow him, and the doors of the nations which are closed against him must be battered down. Concessions obtained by financiers must be safeguarded by ministers of state, even if the sovereignty of unwilling nations be outraged in the process.* »
Ce chapitre s'inspire en partie d'une étude que j'ai réalisée en 2006 à la Kennedy School of Government de Harvard.

2. L'Economic Policy Institute est un organisme à but non lucratif qui défend les intérêts économiques et politiques des personnes de la classe moyenne et pauvre. (‹www.epi.org›)

3. « Clinton, Chine et ZIRP : les germes de la crise », 3 février 2009, ‹www.daily-bourse.fr/analyse-Clinton-Chine-et-ZIRP-les-germes-de-la-crise-vtptc-7290.php›.

4. Doug Palmer, « *China trade blamed for 2.4 mln lost US jobs-report* », Reuters, 23 mars 2010. ‹www.reuters.com/article/idUSN238294820100323›.

5. *Ibid.*

6. « *Accordingly, absent successful attempts at tax harmonization, it seems unlikely that the corporate income tax will exist when this fine journal assembles its 60th anniversary issue.* » (E. Engen et K. A. Hassett, « Does the U.S. corporate tax have a future ? », *Tax Notes 1972-2002, 30th Anniversary Edition*, AEI, décembre 2002. ‹www.aei.org/docLib/20021222_confo21210d.pdf›.

7. Des critères additionnels comme le secret bancaire et la responsabilité limitée des actionnaires, des aménagements législatifs, peuvent aussi parfois peser lourd dans la balance et certains spécialistes suggèrent qu'il s'agit d'avantages qu'on devrait pouvoir monnayer.

8. Kristian Weise, *loc. cit.*

9. L'investissement direct étranger (IDE) se définit comme le « classement dans la catégorie fonctionnelle du compte financier de la balance des paiements et dans le bilan des investissements internationaux qui représente un investissement d'une entité résidente d'un pays obtenant une participation durable dans une entreprise résidente d'un autre pays. La participation durable sous-entend l'existence d'une relation à long terme entre l'investisseur direct et l'entreprise ainsi qu'une influence significative de l'investisseur sur la gestion de l'entreprise. » (‹www.statcan.gc.ca/nea-cen/gloss/bp-fra.htm›)

10. ‹www.fin.gc.ca/taxexp-depfisc/2008/taxexp08_4-fra.asp#note15›.

11. OCDE, *Statistiques des recettes publiques (1965-2008)*, OCDE, 2009.

12. *Ibid.*

13. Kristian Weise, *loc. cit.*

14. « *Globalization and tax competition lead to a fiscal crisis for countries that wish to continue to provide social insurance to their citizens at the same time that demographic factors and the increased income inequality, job insecurity, and income volatility that result from globalization render such social insurance more necessary.* » (Reuven S. Avi-Yonah, *loc. cit.*)

15. Kristian Weise, *loc. cit.*

16. *Ibid.*

17. Leon Bettendorf, Joeri Gorter et Albert van der Horst, *Who benefits from tax competition in the European Union?*, CPB Netherlands Bureau for Economic Policy Analysis, document 125, août 2006.

18. La part des impôts des sociétés dans les finances publiques de la Grèce est passée de 12 % en 2000 à 8 % en 2007 selon les *Statistiques des recettes publiques (1965-2007)* compilées par l'OCDE (2008).

19. Ulrika Lomas, « Greece brings forward corporate tax cuts », 16 septembre 2010, Tax-News.com, ‹www.tax-news.com/news/Greece_Brings_Forward_Corporate_Tax_Cuts_45339.html›.

20. « *Either we'll win together or we'll sink together.* »

21. « *In this new world market [...] billions can flow in or out of an economy in seconds. So powerful has this force of money become that some observers now see the hot-money set becoming a sort of shadow world government – one that is irretrievably eroding the concept of the sovereign powers of a nation state.* » (« Hot Money », *Business Week*, 20 mars 1995.)

22. « *I hope we shall crush in its birth the aristocracy of our moneyed corporations which dare already to challenge our government to a trial of strength and bid defiance to the laws of our country.* »

23. « *People, governments and economies of all nations must serve the needs of multinational banks and corporations.* »

24. Citation du philosophe italien Antonio Gramsci.

25. *Statistiques des recettes publiques 1965-2007*, OCDE.

26. Claire Gallen, « Taxe Tobin, taxe bancaire : l'Europe à reculons », *Le Figaro*, 7 septembre 2010. ‹www.lefigaro.fr/conjoncture/2010/09/07/04016-20100907ARTFIG00626-taxe-tobin-taxe-bancaire-l-europe-a-reculons.php›.

27. Laura Berny, « Christine Lagarde : Au total, les banques vont être mises à contribution à hauteur de 1 milliard d'euros », *Les Échos*, 22 septembre 2010. ‹www.lesechos.fr/entreprises-secteurs/finance-marches/actu/020809170091-christine-lagarde-au-total-les-banques-vont-etre-mises-a-contribution-a-hauteur-de-1-milliard-d-euros.htm›.

Notes du chapitre III

1. ‹www.oecd.org/document/32/0,3343,fr_2649_37427_43618720_1_1_1_1,00.html›.

2. Dhammika Dharmapala et James R. Hines Jr., « Which Countries Become Tax Havens ? », U.S. National Bureau of Economic Research, Working Paper n° 12802, décembre 2006. ‹www.nber.org/papers/w12802›.

3. Martin A. Sullivan, *Offshore Explorations: Caribbean Hedge Funds, Part 2*, 14 janvier 2008, Tax Analysts, ‹www.taxanalysts.com/www/features.nsf/Articles/DE15FD6B5D167E0B852573CB005BB50C?OpenDocument›.

4. Hedge Fund Research Inc., « HFR Industry Report – Year End 2006 », disponible sur ‹www.hedgefundresearch.com›.

5. Government Accountability Office (GAO), International Taxation. Large U.S. Corporations and Federal Contractors with Subsidiaries in Jurisdictions Listed as Tax Havens or Financial Privacy Jurisdictions, ‹www.gao.gov/new.items/d09157.pdf›.

11. Alexandra K. Brown et Pooja Samtani, « La Cour d'appel fédérale ordonne la divulgation de renseignements concernant des tiers même s'ils sont stockés à l'extérieur du Canada », *Addendum du magazine National – Édition droit des affaires*, L'Association du Barreau canadien, février 2009. ‹www.cba.org/ABC/newsletters-addendum/2009/2009-02_bc.aspx›.

12. D'un point de vue juridique, il n'était pas logique de considérer que l'information était située *à l'extérieur* du Canada aux fins de l'article 231.6 L.I.R.

13. L'ARC pouvait exiger que des renseignements soient fournis en vertu de l'article 231.2 plutôt qu'en vertu de l'article 231.6.

14. ‹www.cba.org/ABC/newsletters-addendum/2009/2009-02_bc.aspx›.

15. *Ibid.*

16. « Le PDG de Google prédit la fin de l'anonymat sur Internet », *Le Monde*, 5 août 2010. ‹www.lemonde.fr/technologies/article/2010/08/05/le-pdg-de-google-predit-la-fin-de-l-anonymat-sur-internet_1396083_651865.html›.

17. Selon le rapport « L'impact du développement d'Internet sur les finances de l'État » commandé par le Sénat français et rendu public en 2009.

18. Article 5 du *Modèle de convention fiscale de l'OCDE*. Ce texte définit un établissement stable comme étant « une installation fixe d'affaires par l'intermédiaire de laquelle une entreprise exerce tout ou partie de son activité ». Elle fait référence à un siège de direction, une succursale, un bureau, une usine, un atelier, une mine et à d'autres formes de présence physique.

19. Pour adapter les règles fiscales à cette nouvelle situation, les gouvernements ont adopté en octobre 1998 les *Conditions cadres d'Ottawa sur la fiscalité*. En application de ces conditions cadres, le Comité des affaires fiscales de l'OCDE (CFA) a adopté les Principes directeurs pour la définition du lieu de consommation dans le contexte du commerce électronique en 2001 et des Orientations en matière d'impôts sur la consommation en 2003.

20. « L'OCDE adapte la notion d'établissement stable au commerce électronique », 22 avril 2003, Droit-TIC.com, ‹www.droit-ntic.com/news/afficher.php?id=140›. La question avait été confiée au Comité des affaires fiscales de l'OCDE, dont le résultat des travaux a été pris en compte dans la mise à jour 2003 du modèle de convention fiscale de l'OCDE.

21. Les 7,5 % de la TVQ s'appliquant aussi sur la TPS. Alain McKenna, « Taxer les achats en ligne pour réduire le déficit québécois ? », 9 mars 2010, lesaffaires.com, ‹www.lesaffaires.com/secteurs-d-activite/technologies-et-telecommunications/taxer-les-achats-en-ligne-pour-reduire-le-deficit-quebecois/511274›.

22. Jérôme Plantevin, « Le Québec en voie de perdre la bataille du commerce électronique », *Les Affaires*, 28 février 2009. ‹www.lesaffaires.com/secteurs-d-activite/technologies-et-telecommunications/le-quebec-en-voie-de-perdre-la-bataille-du-commerce-electronique/503448›.

23. Mario Charrette, « Commerce électronique : des milliers d'emplois en perspective », Métro, 1er avril 2009. ‹www.journalmetro.com/Carrieres/article/205823›.

24. Luc Soete et Karin Kamp, « Introduction d'une taxe sur le bit ? », *Iris Observations juridiques de l'Observatoire européen de l'audiovisuel*, reproduit dans ‹merlin.obs.coe.int/iris/1996/9/article6.fr.html›.

6. Christian Chavagneux et Marie-Salomé Rinuy, « Enquête exclusive : la présence des entreprises du CAC 40 dans les paradis fiscaux », *Alternatives économiques*, 11 mars 2009. ‹www.alternatives-economiques.fr/paradis-fiscaux—le-cac40-et-les-paradis-fiscaux_fr_art_633_42326.html›.

7. Ann Hollingshead, *Privately held, non-residents deposits in secrecy jurisdictions*, mars 2010, Global Financial Integrity, ‹www.gfip.org/storage/gfip/documents/reports/gfi_privatelyheld_web.pdf›.

8. *« At the end of 2006, there were $491.6 billions of assets in the Jersey financial sector beneficially owned by non-Jersey individuals who were likely to be illegally avoiding tax on those assets in their home jurisdictions. We estimated the comparable figure for Guernsey to be $293.1 billion. »* (Martin A. Sullivan, *Offshore Explorations : Jersey*, 23 octobre 2007, Tax Analysts, ‹www.taxanalysts.com/www/features.nsf/Articles/3ACC6C4D1B6B00218525738A006716E4?OpenDocument›.)

9. Reuters, « REFILE-Canadian probe into tax cheats hits snag at UBS », 5 janvier 2010, ‹www.reuters.com/article/idUSN054563520100105›.

10. United States Senate Permanent Subcommittee on Investigations, *Tax haven banks and U.S. tax compliance*, rapport, 17 juillet 2008, ‹levin.senate.gov/newsroom/supporting/2008/071708PSIReport.pdf›.

11. Tax Justice Network, « The Price of Offshore », mars 2005, ‹www.taxjustice.net/cms/upload/pdf/Price_of_Offshore.pdf›.

12. Oxfam International, « Tax haven crackdown could deliver $120 bn a year to fight poverty », 13 mars 2009, ‹www.oxfam.org/fr/pressroom/pressrelease/2009-03-13/tax-haven-could-deliver-120bn-year-fight-poverty›.

13. BBC News, « Q&A : Northern Rock and Granite », 21 février 2008, ‹news.bbc.co.uk/2/hi/business/7256431.stm›.

14. Greg Gordon, « How Goldman secretly bet on the U.S. housing crash », *McClatchy Newspapers*, 1er novembre 2009. ‹www.mcclatchydc.com/2009/11/01/77791/how-goldman-secretly-bet-on-the.html›.

15. « Unfair Advantage : The Business Case Against Overseas Tax Havens », 20 juillet 2010, Business and Investors Against Tax Haven Abuse, ‹businessagainsttaxhavens.org/wp-content/uploads/2010/07/TaxHaven.pdf›.

16. *« Overseas tax havens foster an unlevel playing field where small and domestic U.S. businesses that pay taxes are forced to compete against tax dodgers. »*

17. *« Wainwright Bank, a socially responsible local lender based in Boston, paid federal taxes of 11.8 percent of their income in federal taxes in 2009. Yet they have to compete against Bank of America who paid no federal taxes in 2009, thanks in part to overseas tax havens. »*

18. *« Developing countries are estimated to lose to tax havens almost three times what they get from developed countries in aid. »* (Angel Gurría, « The tax global dodgers », *The Guardian*, 27 novembre 2008; ‹www.guardian.co.uk/commentisfree/2008/nov/27/comment-aid-development-tax-havens›.)

19. Valérie de Senneville, « Liste HSBC : l'informateur du fisc français sort du silence », *Les Échos*, 18 février 2009. ‹www.lesechos.fr/patrimoine/banque/300398613.htm›.